理論と実践で**自己決定力**を伸ばす

キャリアデザイン講座
第3版

監修
大宮 登
高崎経済大学名誉教授
・
日本ビジネス実務学会
名誉顧問
・
地域活性学会名誉顧問
・
日本地域政策学会
名誉会長

JN133218

日経BP社

はじめに

本書のねらい

　キャリアとは簡潔に言えば、私たちが歩んできた道です。キャリアデザインとは、これから歩む道のデザイン、つまり人生設計のことです。本書『キャリアデザイン講座』は、自分自身の人生設計を行うための本です。全編を通して、私たちに「なぜ働くのか」「どう生きるのか」を問いかけます。世界が劇的に変化し、自分の生き方が見えなくなってしまう今日だからこそ、困難を乗り切るための羅針盤として、キャリアデザインを学ぶことが必要なのです。

本書の構成と特徴

　本書は全15章、各章10ページの構成で、1章を90分授業で完結できるようになっています。キャリアデザインの基礎から応用まで、段階的に理解を深めるために、キャリアデザインの基礎理解、人生設計、自己理解、仕事理解、職場理解、ケース研究など内容が充実しています。以下のような工夫も加えました。

- 各章の冒頭で「なぜ学習するのか」という問いかけと学習内容を概観する。
- 各章で学習するテーマを明示し、講義の目的と目標把握を明確にする。
- 図表を多用した視覚的な誌面で理解度を深める。
- 全章に振り返りシートを用意して、学習効果を高め、理解度を把握する。

読者層と利用方法

　読者層としては、大学生(短期大学生、専門学校生)を主要対象にしていますが、高校生や社会人なども視野に入れています。大学や高校の講義、社会人の研修、あるいは、自己啓発学習など、いろいろな機会で活用できます。ワークシート付きなので、自分自身の成長の記録にもなります。学生の皆さんには、卒業後も手元におき、何か迷ったときには、ぜひとも読み返してほしいものです。

有効な教材として、座右の書として

　キャリアデザイン関連の本は確かに多く出版されています。しかし、理論書は多いのですが、使いやすい教材はあまりありません。人間力、実践力の双方から自分の能力、適性を考えさせる本書は、実践的に活用できる教材として、自己学習のテキストとして、未来の指針となる一冊なのです。本書が、自らをしっかり見つめ、自己成長を遂げていくための座右の書となることを願っています。

高崎経済大学名誉教授　　大宮 登

第 3 版の改訂に当たって

　『キャリアデザイン講座』は 2009 年に出版され、2014 年に一度改訂しました。それからまた 4 年が経過しました。おかげさまで 10 年にわたって、多くの方々からテキストとして活用され、「有効な教材として、座右の銘として」作成した本書のねらいが皆さんに受け入れていただきました。しかし、この間、社会の諸状況がだいぶ変わりましたので、再度改訂作業に取り組みました。

　再版の時と同じように、執筆者の皆さんは忙しく、また全国に散らばっているために、改訂作業は、各自が担当部分の改訂作業を行い、全体を編集委員長の私が点検を行うという形で進めました。

　全体的に修正を試みましたが、特に大きな改訂は次のとおりです。2 章はデータを見直して修正しました。9 章と 14 章は新しいメンバーの北九州大学見舘好隆教授に全面的に書き換えていただきました。また、12 章では新しいケーススタディを盛り込み、クランボルツの「計画された偶然性理論」を追加しました。13 章では群馬県の CANWORK 事業を紹介していたのですが、すでにこの事業も終わっているので、新たに 3 人の皆さんに登場していただきました。

　この場をお借りしてご協力くださった皆さんに心から感謝申し上げます。最後に、本書がこれまで以上にご利用、ご活用されることを願って、改訂に当たっての御礼のご挨拶といたします。

編集委員長　大宮登（高崎経済大学名誉教授）

理論と実践で自己決定力を伸ばす

キャリアデザイン講座　第3版

目次

- はじめに……2
- 第3版の改訂に当たって……3

第1章……7
現代社会とキャリアデザイン
キャリアデザインの基礎理解
1. キャリア、キャリアデザインとは？
2. キャリアデザインの基本と方法
- キャリアデザイン基礎チェックシート

第2章……17
キャリアデザインと人生設計(1)
現代人のライフサイクルと職業
1. 変わる家族のライフサイクルと性別役割
2. 家族の変化と長寿社会
3. 女性が職業を持つ意味
4. 女性の就業意識の高まり
5. 出産後の女性の就業
6. 就業と子育ての両立と職業選択
- 振り返りシート

第3章……27
キャリアデザインと人生設計(2)
現代人の生涯収支と職業
1. マズローの欲求5段階説
2. 職業の持つ多面的な意味
3. モデル家族の生涯収支
- 振り返りシート

第4章……37
キャリアデザインと人生設計(3)
キャリアの広がりと生涯発達
1. キャリア発達の基本的考え方：ライフキャリア、ライフロール
2. キャリアの生涯発達と3つの節目（若年、中年、老年）
3. 人生の形成期とその課題：若年の危機と克服
4. 人生の後半への出発：中年の危機とその克服
5. 人生の終盤への課題：老年の危機と克服
- 振り返りシート

第5章……47
キャリアデザインのための自己理解(1)
働く意味と自分の職業観
1. 変わる社会状況と多様化する職業観
2. 現代の社会で生きる力と知恵
　―自己を知る力・模索する力・節制力・自分と折り合う力
3. 現代人が職業に求める意味
4. 人はなぜ仕事をするのか
- 振り返りシート

第6章……57
キャリアデザインのための自己理解(2)
相互インタビューによる自己分析
1. 自分史チェックシートの作成
- 自分史チェックシート［自己チェック用］
2. 相互インタビューをする
- インタビューシート［インタビュー用　相手・自分］
3. 自己分析シートを作成する
- 自己分析シート
- 振り返りシート

第7章……67
キャリアデザインと仕事理解(1)
学生生活で得るキャリア意識の明確化
1. 学生生活とキャリアデザイン
2. 学生自身の評価　経験なのか資質なのか
3. 早期離職とフリーター問題
4. キャリアデザインと仕事理解
- ワークシート
- 振り返りシート

第8章……77
キャリアデザインと仕事理解(2)
経済・雇用環境に応じた働き方の理解
1. キャリア形成に影響を与える外的環境の現在
2. 少子高齢社会の到来
3. 人口減少社会と自律的なキャリア形成
- 振り返りシート

第9章 87
キャリアデザインと職場理解(1)
インターンシップを活用した
キャリア考察
1 インターンシップとは何か？
2 インターンシップの歴史について
3 インターンシップの現状
4 インターンシップを活用するために
● ワークシート
● 振り返りシート

第10章 97
キャリアデザインと職場理解(2)
キャリア形成と求められる基礎能力
1 自分自身のキャリア・アンカー探し
2 仕事（職業）に関する情報を集めよう
3 会社の本当の姿はどうすれば分かるのか
4 会社に入ってから求められる能力や資質
● 就業体験基礎チェックシート

第11章 107
キャリアデザインと職場理解(3)
多彩な職種や業種と自分の適職
1 「七・五・三現象」はなぜ広がってきたのか
2 「適職」はどうすれば探せるのか
3 業種や職種って、どのくらいあるのだろう
4 興味・関心のある会社について調べてみよう
5 「適職」は自分で創りだすもの
● 企業調査ワークシート

第12章 117
キャリアのケーススタディー(1)
具体的な事例で考える将来設計
1 すべては天職に出会うための道のり
2 最後に自分の天職（大学教育）に巡り合う
 クランボルツの計画された偶然性理論を学ぼう
● 振り返りシート

第13章 127
キャリアのケーススタディー(2)
さまざまなキャリア形成のあり方
1 好きな道に進む
2 仕事とキャリア形成
3 いろいろなキャリア形成から学ぶ
● キャリア取材シート
● 振り返りシート

第14章 137
キャリアデザインに向けて(1)
キャリアデザインの方向性をつかむ
1 インダストリー4.0は、働き方を変える
2 近年変化した「大学生の就職活動」と「企業の採用活動」
3 近年変化した「社会で働くために必要な力」
4 新しい「社会で働くために必要な力」を身に付けるために
5 Stay hungry, stay foolish.（貪欲で、愚かであり続けよ）
● 振り返りシート

第15章 147
キャリアデザインに向けて(2)
キャリアデザイン全体の振り返り
1 豊かなキャリア形成に向けて
● キャリアデザイン振り返り　その1
● キャリアデザイン振り返り　その2
● キャリアデザイン振り返り　その3
● 振り返りシート　講義の振り返り その1
● 振り返りシート　講義の振り返り その2
● 振り返りシート　グループワークの振り返り
● 振り返りシート　全体の振り返り

おわりに 157

第1章 現代社会とキャリアデザイン

キャリアデザインの基礎理解

　第1章では、キャリアデザインについての基礎的な考え方を学びます。

　キャリアデザインは、働き方や生き方を考えていく理論と方法を提供します。あなたは社会のなかで、どのように働いて、生きていくのですか？　得意なことは何ですか？やりたいことは何ですか？　職場で発揮できると思われる資質や能力はありますか？　それは何ですか？　正社員と非正規社員との違いについて理解していますか？　職種や業種によって働き方はどのように違ってくるのかを知っていますか？

　こうした疑問に答えながら、あなたの価値観、強みと弱みなどをしっかりと把握して、これからの生き方や働き方を考え、より良い生活設計をすること——。それがキャリアデザインの基本なのです。

第1章　現代社会とキャリアデザイン

テーマ：キャリアデザインの基礎理解

目的：現代社会におけるキャリアデザインの必要性を理解します。
1. 講義全体の目的を把握し、キャリアデザインの必要性を理解します。
2. チェックシートを活用し、キャリアデザインの基礎作業を開始します。

講義の目的・目標の把握

1. 導入

挨拶、今日の授業目標と概要を説明します。

2. キャリア、キャリアデザインの定義

キャリアデザインの時代であることを理解します。

キャリアとキャリアデザインの定義を学びます。

変化するキャリア形成の課題について学びます。

3. キャリアデザインの基本と方法

なぜ働くのかを考え、キャリアデザインの基本と方法を理解します。

キャリアデザイン基礎チェックシートに記入します。

自分のこれまでの歩みやこれからのキャリアについて考えます。

4. まとめ

これからの講義計画を確認します。

講義を受けるための心構えと評価について確認します。

1 キャリア、キャリアデザインとは？

(1) キャリアデザインの時代

　現代社会では、必要に応じてキャリア設計を行うことが求められています。若者の高い失業率、正社員になれないフリーターの増加、ワーキングプアの問題など、若者の雇用環境は決して良くありません。また、激しい企業間競争や就業観の変化により、1つの会社や職場で一生勤め上げるという考え方は薄れ、自分でキャリアを設計する必要性が高まっています。

　日本でキャリアやキャリアデザインが注目されるようになったのは、ごく最近のことです。いわゆるバブル崩壊後の1990年代以降、特に1990年代後半から2000年に入ってから、急速に広がっていきました。

　その背景には、グローバル経済などと呼ばれる世界的な規模での市場競争の出現が日本の社会や企業を揺さぶり、終身雇用、年功序列賃金などを基盤とする日本的経営のあり方が大きく変貌したことにあります。

　企業が安い土地、安い賃金、安い原材料、大きな市場を求めて世界のどこにでも進出するという、世界全体を相手にした過剰な競争社会のなかで、日本では人々が働き方や生き方を見失い、仕事をめぐる深刻な問題が次々と出現しています。例えば若年者の失業やフリーター化（非正規雇用の増大）、早期離職やワーキングプア問題、ニートや引きこもりの増加、そして中高年者のリストラ、過労死、精神疾患、自殺、ホームレス化など、問題は山積しているのです。

　現代は、自分で生き方や働き方を考える、キャリアデザインの時代なのです。どのような職場に就職するのか、どのようなキャリアを積むのか、何年か後に転職するのか職場に残るのか、あるいは起業するのかなど、常に自己決定力が必要となります。また、社会はグローバルな競争に対応できる付加価値の高い人材と共に、地方や地域を担う人材を求めています。仕事と家庭生活、それに地域活動などのバランス（ワークライフバランス）の大切さも求められています。あなたはどのような働き方や生き方を選んでいくのでしょうか。あなた自身が、仕事生活と家庭生活と社会生活を設計することが必要なのです。

　キャリアデザインは、働き方や生き方を考えていく理論と方法を提供します。

　あなたは社会のなかで、どのように生きていくのか、働いていくのか。あなたは何のために働くのか。あなたが得意なことは何か、やりたいことは何か。生活のために働くのか、自己成長のために働くのか、社会貢献のために働くのか。正社員と非正規

社員との違いは何か。仕事の現実はどのようなものか。職種や業種によって働き方はどのように違ってくるのか。あなたは、何をやっていれば充実していると感じるのか、辛くても頑張れるのか。

これらの問いに答えながら、自分の価値観、強みと弱みをしっかりと把握して、これからの生き方や働き方を考え、より良い生活設計をすること、それがキャリアデザインの基本といえます。

キャリアデザインの時代

バブル崩壊後キャリア問題が急浮上（年功序列・終身雇用の終焉）	若年者の失業やフリーター化、早期離職やワーキングプア問題、ニート、引きこもりの増加	中高年者のリストラ、過労死、精神疾患、自殺、ホームレス化が進んでいる
就職、異動、転職、起業、退職などの場面で、自己決定力が必要	**自分で生き方や働き方を考える時代**	価値観や強みと弱みをしっかりと把握し、より良い生活設計をする
グローバルな競争に対応できる付加価値の高い人材が求められる	仕事生活＋家庭生活＋社会生活を自分でデザインする（ワークライフバランス）	地方や地域を担う人材が求められる

(2) キャリアの定義

では、そもそもキャリアとは何でしょうか。キャリア（career）の語源は「車が通った道」です。馬車が通ってできる轍（わだち）をイメージするとよいでしょう。馬車は私たちの日常生活には見られないので、スキーのシュプール（滑走の跡）を思い起こすほうがよいのかもしれません。走った後に残る軌跡、これが「歩んできた人生」につながり、キャリア（career）という意味になります。また、関連する言葉のcarrierは物を運ぶ人や荷台を意味し、航空会社や電話会社、細菌などの保菌者もcarrierといわれます。いずれもモノを運ぶことに関連し、キャリア（career）と意味が近い言葉です。

キャリア（career）の定義は、専門家によっても、文脈によっても異なります。ダグラス・T・ホールは、キャリアは仕事を通して積み上げてきたプロセスであり、仕事に関する経験の連続であると考えました。そして、原則的には、キャリアにはアップもダウンもなく、客観的な面と主観的な面があることを主張しました。これはなかなか良い指摘です。

キャリアには、外からはっきりと分かる客観的なキャリアの側面があります。例えば係長から課長への昇進、名もないA社から有名企業B社への転職などのケースです。

しかし、キャリアには主観的な面もあります。例えば商品開発部の係長が、営業部の課長に昇進が決まったものの、いま取り掛かっている商品開発から離れたくないと強く思った場合、客観的にはキャリアアップですが、主観的にはキャリアダウンのような気分になるかもしれません。これらのことから、キャリアは自分が歩んできたプロセスであり、自分の歩みであると考え、基本的にはアップもダウンもないと、ホールは考えたのです。

また、キャリア研究の第一人者、金井壽宏（神戸大学教授）は、キャリアの定義として、「成人になってフルタイムで働き始めて以降、生活ないし人生（life）全体を基盤にして繰り広げられる長期的な（通常は何十年にも及ぶ）仕事生活における具体的な職務・職種・職能での諸経験の連続と、（大きな）節目での選択が生み出していく懐古的意味づけ（とりわけ、一見すると連続性が低い経験と経験との間の意味づけや統合）と、将来構想・展望パターン」と定義しています。そして、「長い目で見た仕事生活のパターン」「長期的な仕事生活への意味づけ」がポイントではあるが、仕事だけの問題ではなく、生活や人生全体の問題であることを指摘しています。（『働く人のためのキャリア・デザイン』PHP研究所）。

こうしたさまざまな定義がありますが、ここでは金井の定義にならって「キャリアとは職業生活を柱とし、家庭生活や社会活動を含めた生活全体のパターンであり、積み上げてきた生活のプロセスであり実績である」と定義しておきましょう。

キャリアの定義と語源

キャリアの定義	キャリアとは職業生活を柱とし、家庭生活や社会活動を含めた生活全体のパターンであり、積み上げてきた生活のプロセスであり実績である。
キャリアの語源	キャリア（career）の語源は「車が通った道」であり、これが「歩んできた人生」につながり、キャリアという意味になる。

(3) 変化するキャリアデザインの課題

　キャリアデザインの課題は、年齢や状況に応じて変わっていきます。25歳のキャリア形成の課題と45歳のキャリア形成の課題は、当然ながら全く異なってきます。自分のやりたいことと、組織や集団が求めていることが一致することもありますが、たいていは異なることの方が多いと言えます。授業料を払って学んでいる学生の立場と違って、職業人は給料をもらっています。給料以上の仕事をしなければ職場にいる意味がありません。そのためには、組織集団のなかで求められている自分への期待、与えられている役割を理解し、職業人として成長していくためのプランニングやデザイン（キャリア形成）を考えることが大切なのです。

　図表1-1はドナルド・E・スーパーのキャリアステージ（career stage）です。スーパーはキャリアには5つの段階があると考えました。図表1-2は、エドガー・H・シャインのキャリアサイクル（career cycle）です。シャインは8つのキャリアサイクルを考えました。

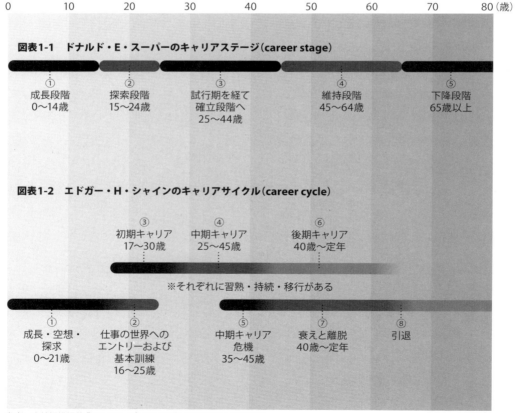

参考　山崎好裕編著『キャリア・プランニング』中央経済社（2006年）

いずれも、成長と共に、人としての基礎を形成し、社会人としてのキャリア基礎を固めて、職業人としてのキャリア形成を積み重ねていくプロセスを考えています。私たちは自分のキャリアの発達段階がどの時期なのか、何を期待されているのかを常に自覚していくことが必要なのです。

　例えば、22歳の新人でスーパーの「探索段階」やシャインの「仕事の世界へのエントリーおよび基本訓練」にいる若者が、社会人としての基礎的な訓練を「つまらない」「創造的でない」「自分がやりたいことと違う」などという理由で、指導や助言を受け入れず、40歳の確立段階にいる中堅社員と同じような仕事をしたいと思っても、無理があります。また逆に、中堅社員になっても相変わらず新人のような指示待ちの仕事ばかりしていて、専門的な技術や知識などを磨いていないと、組織にとっては無用の人材です。

　だからこそ、新入社員は少し辛かろうとも、「石の上にも3年」という言葉のように、最初の数年間はしっかりと基本訓練を行い、社会人としての基礎を身に付けて、次の確立段階に進むべきなのです。いろいろな理由があるとは思いますが、早期離職をしてしまうと、この社会人としての基本訓練を積まないまま、社会のなかで漂流する生き方を選ぶ確率が高いと思われます。フリーターはなかなかフリーターから抜け出せません。そこには正規社員と非正規社員に二極化し、人件費を抑えようとする企業戦略など、再チャレンジできない社会システムに根本的な問題があります。しかし働く側を見ても、社会人としての基礎を磨く基本訓練をしっかり受けていないために、次のステップに進むことができないことにも要因があるのではないでしょうか。年齢や経験に応じた、キャリア形成を行うことが大切なのです。

> ### 変化するキャリアデザインの課題
>
> キャリア形成の課題は変化するものであり、年齢や状況に応じて変わっていく。だからこそ、20歳代の役割と40歳代の役割は明らかに異なる。私たちは、職場で求められている自分に対する期待、果たすべき役割を理解し、職業人として成長していくためのプランニングやデザイン（キャリア形成）を考えることが大切である。

第1章　現代社会とキャリアデザイン

2 キャリアデザインの基本と方法

(1) なぜ働くのか？

　これまで学んだように、キャリアとは私たちが仕事を柱として積み上げてきた生活全体の実績です。1990年代以降、日本社会では仕事環境が変化して、最初に就職した職場で、定年まで勤め上げる可能性が低くなり、就職、異動、転職などの節目に当たって、自分自身でキャリア設計を行わなければならない社会となりました。だからこそ、キャリア教育やキャリアデザインが重要課題となったのです。

　では、人はなぜ働くのでしょう。働く意味は時代状況によって大きく変化します。例えば戦後すぐの日本人は、食べるために必死に働きました。生活を維持するための職業でした。生きていくために働くのであり、働きがいや自己実現などは重要ではありませんでした。その後の高度成長期は、生活を豊かにするために働きました。テレビ、冷蔵庫、洗濯機、クルマなどを買うために働きました。自分たちが叶わなかった夢を子どもたちに託し、子どもたちに良い教育を受けさせるために働きました。その働き方も、「男は仕事、女は家庭」という性別役割分業が一般的に広がりました。生活を豊かにするための職業でした。

　そして1980年代は、豊かな社会が実現し、働きがいや自己実現が働くことの目標になりました。「好きなことを仕事にしたい」「仕事を通して成長したい」「面白い仕事に携わりたい」といった職業観が広がりました。

　しかし、1990年代に入り、いわゆる「バブル経済」が崩壊しました。名だたる銀行や企業が倒産する「失われた10年」という大変な経済環境のなかで、リストラや就職氷河期がやってきて、とにかく仕事に就くことに皆が必死でした。自己実現という考えは少し弱まり、生活の基盤づくりのための仕事という考え方が復活しました。

　そして最近では、2008年に米国で起きた信用力の低い個人向け住宅融資（サブプライムローン）問題の破綻に端を発して、世界中の経済・金融が揺らぎ、2011年には東日本大震災という未曽有の災害によって深刻な被害がもたらされ、企業倒産や解雇問題など雇用環境への悪影響も出ています。

　玄田有史が2013年に『孤立無業（SNEP）』（日本経済新聞出版社）で問題提起した孤立無業は深刻です。働かないまま家族以外の人と関係をもたず、家にこもって生活している大人が162万人想定されるというのです。働く意味は、時代状況によって大きく変化します。個人によっても異なります。だからこそ、「人は何のために働くのか」という問いに対して、単純な正解などはありません。一人ひとりが考え、自

分なりの答えを見つけるしかないのです。

(2) キャリアデザインの基本

さて、これまで、キャリアデザインについて、その意味や定義、変化する課題などを考えてきました。ここでもう一度、キャリアデザインの基本についてまとめてみましょう。キャリア観や職業観は、人それぞれに異なるものですが、本書では、キャリアデザインの基本的な共通要素として、以下の点を考えています。「生活全体の設計であること」「自分の実績を踏まえて判断すること」「方向性が定まったら意欲的に行動すること」「キャリアにはアップもダウンもないこと」。これらを確認して、今後のキャリア設計に役立ててください。キャリアデザインが生活全体の計画であることに関しては、詳しくは第4章で「ライフキャリア」という考え方に基づいて再考します。

キャリアデザインの基本

1 キャリアデザインは人生全体の設計であり、職業生活を軸にして、家庭生活や社会活動など、生活全般を視野に入れて設計する。

2 キャリアデザインは実現不可能な判断をしないために、現実の社会をよく理解し、自分自身の過去の歩み(プロセス)や実績を重視して自己決定する。

3 キャリアデザインによって方向性が定まったら、意欲的に行動し、また必要になったらデザインし直す。

4 キャリアには客観的な面と主観的な面があり、基本的にはアップもダウンもない。

(3) キャリアデザインの方法：キャリアデザイン基礎チェックシート

それでは、キャリデザインの始まりとして、次のキャリアデザイン基礎チェックシートを使って、これまでの自分を振り返ってみましょう。シートを使ってまずは高校時代の活動を振り返ります。取り組んだ活動のうち最も自分に影響を与えた項目を、1位から5位まで書いてください。次に、同じシートを使って、小・中学生時代や大学生生活を振り返ります。あなたの歩みと実績を確認してください。その作業のなかであなたの強み、大切にしていること、興味や関心、人的ネットワークなどの特徴が浮かんでくるはずです。

第1章　現代社会とキャリアデザイン

キャリアデザイン基礎チェックシート

学籍番号　　　　　　　　氏名

高校時代の活動内容（自分に影響を与えた順に上位5項目を記入）

項目	実施内容（具体的に）	評価
(1)		
(2)		
(3)		
(4)		
(5)		

第2章 キャリアデザインと人生設計(1)

現代人のライフサイクルと職業

　第2章では、各種のデータから現代人の平均的なライフサイクルの現状を学習します。

　私たちが、自分の進学や就職、結婚や出産などの将来を考えたり、話したりするときや、人生の節目となる決断をしたり、計画を立てたりするときにも、漠然とした家族のライフサイクルのイメージを基にしているのではないでしょうか。

　現代人の平均的なライフサイクルの現状と特徴を知り、自分の人生設計やキャリアデザインについて具体的に考える手がかりとしましょう。

　本章では特に、家族の変容と女性の就業について考えます。男性よりも女性の方が現実にはキャリア設計が難しいといえます。その背景、要因を客観的に把握し、人生設計に活用します。

第2章　キャリアデザインと人生設計(1)

テーマ：現代人のライフサイクルと職業

目的：現代人のライフサイクルと職業について学びます。
1. 現代家族の平均的なライフサイクルの現状を各種データから具体的に知ります。
2. 自分のライフコースにおける職業の意味について考えます。
3. 女性の就業をめぐる問題について理解を深めます。

講義の目的・目標の把握

家族のライフサイクルの変化

1. **導入**
   挨拶、今日の授業目標と概要を説明します。

2. **変わる家族のライフサイクルと性別役割**
   過去と現在の家族のライフサイクルの変化と現状を知ります。

3. **家族の変化と長寿社会**
   個人として生きる期間の長期化を踏まえて、自分の理想型のライフコース表を作成します。

4. **女性の就業意識の変化**
   女性の就業意識の高まりを理解します。

5. **出産後の就業パターン**
   出産後の女性の離職状況について知ります。

6. **両立支援策を利用推進する上での問題点**
   企業における両立支援の問題点を考えます。

7. **性別にとらわれない職業選択**
   これからの職業選択について考えます。

旧家制度

〈男性〉
息子・父親・夫
家業の継承者＝家長
家族の扶養者

〈女性〉
嫁・母親・妻
家業の労働力
育児・家事・介護

近代家族（性別役割分業）

〈男性〉
父親・夫
家族の扶養者
（職業＝仕事）

〈女性〉
母親・妻
家事・育児
（専業主婦＝家庭）

現代（自由な個人）

〈役割を選択する個人〉
結婚・家族・職業
居住地・役割
ライフコース

1　変わる家族のライフサイクルと性別役割

　かつて、職業は家や家族単位で継承され、性別・年齢別の役割分業が行われていました。男性は家の跡取りとして家業を継ぎ、家長として働き、家族を養い、守る者でした。女性は嫁となって家業の手伝いや家事をしました。家の後継者となる子どもを出産した後は、母として育児をし、婚家の親の介護も嫁の役割でした。

　家制度の崩壊によって、男性には家業の継承者や家長としての役割がなくなり、夫は家族の扶養者として職業に就き、妻は専業主婦として家庭で家事・育児に専念する性別役割分業による核家族が形成されるようになります。しかし現在は、少子化、介護の高齢化、家事の合理化が進み、性別役割分業意識の低下や女性の高学歴化、価値観の多様化などによって、結婚や出産は個人の選択によるものとなってきました。結婚という社会的規範も薄れ、家事、育児、介護、家族の扶養などの役割は個人単位の選択になりました。

　このような現代社会の変化を、さまざまなデータから見てみましょう。

2　家族の変化と長寿社会

（1）晩婚化の進行、未婚率の増加、離婚率の増加

　男女とも晩婚化が進んでいます。2018年には平均初婚年齢が男性は31.1歳、女性は29.4歳となっています（図表2-1参照）。2000年から15年間に女性は2.4歳、男性は2.3歳上昇するなど急速に晩婚化が進み、24～29歳の女性は6割、男性は7割を超える人が未婚です。同時に50歳時の未婚率である生涯未婚率も上昇しています。2015年には女性14.1%、男性23.4%となっており、男性の4人に1人、女性の7人に1人が生涯独身であることになります（図表2-2参照）。

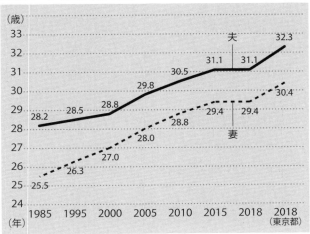

図表2-1　平均初婚年齢の推移

出典：平成29年人口動態統計 平均初婚年齢

婚姻数も1972年は戦後最大の約110万組でしたが、2017年には60万7000組となり、約45％減少しています。

結婚していない人が増加しているだけでなく、結婚した人が離婚する割合も高くなっています。単年度の結婚数に対する離婚数の割合は1965年には約95万5000組に対して約7万7000組の8.1％でしたが、これまでで最も数値の高かった2003年には約74万組に対して約28万4000組の38.4％と5倍近くになっており、ここ数年35％前後となっています。

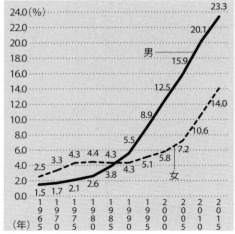

図表2-2　生涯未婚率の変化

出典：国立社会保障・人口問題研究所「人口統計資料集（2017）」

このような晩婚化の進行、未婚率、離婚率の増加は、男性も女性もこれまでのような性別役割分業を前提とした人生設計（結婚によって夫が妻を扶養し、妻は家事や育児を担当する）が困難になっていることを示しています。

（2）長寿化、少子化による子育て後期間の長期化

日本人の平均寿命は1955年には男性が63.6歳、女性が67.8歳でしたが、2017年には男性が81.1歳、女性が87.3歳となっており、男性が17.5歳、女性が19.5歳も長生きになっています。

1人の女性が一生に産む子どもの数の平均である合計特殊出生率は、1949年には4.32でしたが2005年には最低の1.26、2017年には1.43人になっていますが、出産できる年齢層の女性人口は減少しています。また、第1子を産む母親の平均年齢も30歳を超え、1949年の出生数は年間269.7万人でしたが、2017年には94.6万人となり、100万人を切って、急速に少子化が進んでいます。87歳まで生き、高学歴で、結婚は29歳、子どもは1人、夫死亡後7年間という平均的な女性のライフコースを考えると、家事や育児に忙しい期間は相対的に短くなり、結婚前の期間、子育て後の期間が50年以上と長期化して、職業の持つ意味が大きくなっていることが分かります。また、男性は定年が65歳に延びていますが、長寿化し、定年退職後の人生が16年間もあることになります。また、農業や商家といった家業以外の職業に就くことが一般的になっている男性は、定年退職後の人生が20年もあることになります（図表2-3参照）。

図表2-3 現代家族のライフサイクル

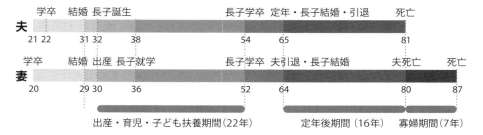

(3)共働き世帯の増加

　家族の稼ぎ手としての男女の役割も変容しています。高度経済成長期には一般的であった「男性雇用者と無業の妻」からなる世帯は減少し、代わって「雇用者の共働き世帯」が増加し、1992年には両者の割合が逆転しました。総務省「労働力調査」によると、共働き世帯は2017年には1,188万世帯、男性雇用者と無業の妻からなる世帯は641万世帯です（図表2-4参照）。結婚した女性も社会に出て働く時代なのです。

図表2-4 専業主婦世帯と共働き世帯

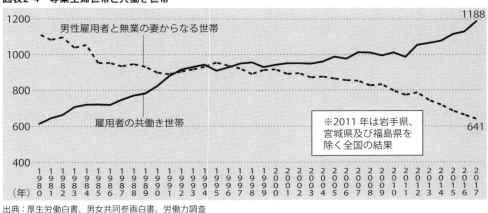

出典：厚生労働白書、男女共同参画白書、労働力調査

3　女性が職業を持つ意味

(1)女性が職業を持ち経済的自立をすることが必要

　なぜ、女性は働き始めたのでしょうか。現在の日本では、終身雇用と年功給与が必ずしも保証されない状況になっています。そのため、結婚したからといって経済的な面をすべて男性に頼るという家族形態は、非常に危険性が高い選択となっています。

結婚する男性は正社員ではないかもしれませんし、転職やリストラによる失職も考えられますし、離婚という可能性も高くなっています。また、税・年金面での専業主婦優遇政策も財政難によって見直されようとしています。さらに、男性の経済的負担感が強くなっていることの表れとして、経済的理由による40、50、60歳代の男性自殺者が増加しています。

女性に注目してみると、高い教育を受け、結婚まで10年近く働き、さまざまな分野で重要な職業に就いている人も多く、結婚や出産によって専業主婦になるという選択は現実的ではなくなっています。女性が生涯に得ることの可能な所得総額が増加すると、女性が仕事を中断したり、辞めたりすることで失う所得が大きくなります。また、未婚者や離婚の増加は女性の就業の意味を大きくしていますし、家族の女性に対する経済的役割の期待はますます大きくなっています。

(2) 子育てや教育費、生活にお金がかかる

現代では高学歴化が進み、子育てや教育にかかる費用が高騰しています。子ども1人を持つと、出産から大学卒業まで、3000万円くらいの教育費用がかかるといわれています。また生活水準の向上で、クルマ、携帯電話、家賃など、生活にかかる費用も増加しています。少子高齢化が進んで、子どものいない家族や子どもがいても老後は子どもに頼れない家族も多くあります。しかも老後の資金として公的年金は十分でなく、自分で老後の資金を貯蓄しておくか働き続ける必要が出てきているのです。教育費や生活費などの高騰、老後の蓄えを確保するためには、職業の経済的な意味が大きくなっているといえます。

4　女性の就業意識の高まり

女性自身の就業意識も男性の女性の就業に関する意識も、ここ数年の間に大きく変化しています。内閣府の「男女共同参画社会に関する世論調査」によると、女性が「職業を持つことについての意識」がここ数年の間に大きく変化しつつあることがわかります（図表2-5）。平成21（2009）年から平成26（2014）年には「子供ができても、ずっと職業をもつ方がよい」は45％前後だったのが、平成28（2016）年には女性が55.4％、男性が53.4％と5割を超え、約10ポイント増加しています。「結婚するまでは職業をもつ方がよい」や「子供が大きくなったら再び職業をもつ方がよい」が減少しています。女性が、結婚しても子どもをもっても継続的に就業することを、女性ばかりでなく、男性もまた支持している人が半数を超えています。「子供ができても、

ずっと職業をもつ方がよい」に「子供が大きくなったら再び職業をもつ方がよい」を加えると、共働き支持の比率は、女性83.4％、男性77.5％になっています。女性が働くことは、未婚の時だけでなく、結婚しても、子どもを持っても当たり前の時代になったのです。

国立社会保障・人口問題研究所の2015年の「出生動向基本調査」によると、女性の理想のライフコースの両立コースが3割を超え、増加しています（図表2-6）。また、女性の予定のライフコースでは、専業主婦コースが減少して7.5％、両立コースが増加して28.2％になっています。男女とも生涯未婚率が上昇する中で、非婚就業コースも増加して21.0％となっています。

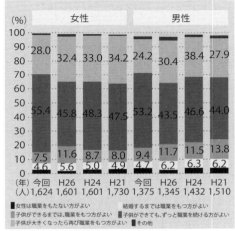

図表2-5　女性が職業をもつことについての意識

出所：内閣府「男女共同参画社会に関する世論調査」

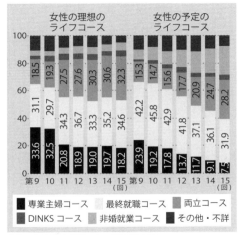

図表2-6　女性の理想・予定のライフコース

出典：国立社会保障・人口問題研究所「第15回出生動向基本調査」（2015年）

5　出産後の女性の就業

女性が継続して就業することに対して、女性だけでなく男性も肯定的に考える比率が多数派になっていますが、現在の日本では子どもを出産した後の女性の就業継続には多くの困難があります。しかし第一子出産前後での就業状況を調査データ（図表2-7参照）から見てみますと、出産後も就業を継続している女性は53.1％で、そのうちの73.8％の女性が育休制度を利用していることが分かります。この調査からは近年5年の間に就業を継続する女性が急速に増加していることが読み取れます。実際に育児をしている女性の有業率は、2012年から2017年の5年間に10ポイント以上増加しています（図表2-8参照）。

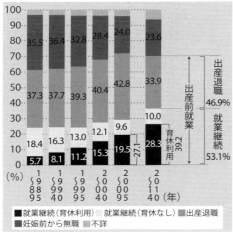

図表2-7 第一子出産前後での就業状況

出所:「第15回出生動向基本調査」(国立社会保障・人口問題研究所)

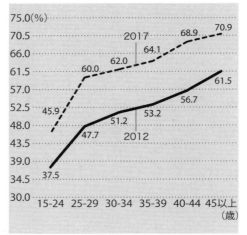

図表2-8 育児をしている女性の有業率

出所:「平成29年就業構造基本調査」(総務省)

6　就業と子育ての両立と職業選択

　女性の就業意識が高まり、男性も女性の就業を当然と考える時代になりましたが、実際に子育てしながら女性が就業を継続していくことは、多くの困難があるといえます。特に勤務時間との折り合いや職場の理解、保育所の確保などの問題があります(図表2-9参照)。本当の両立支援が実現する社会を一つずつ構築していくことが求められています。一方で、性別役割分業が崩壊していることも事実です。サービス産業の重要性がさらに高まるなか、女性の生活的な視点や情報が非常に重要になっています。今後は、男女共同参画の社会が進展し、女性も男性も性別にとらわれず個人として職業選択を求めるようになることは、間違いないでしょう。

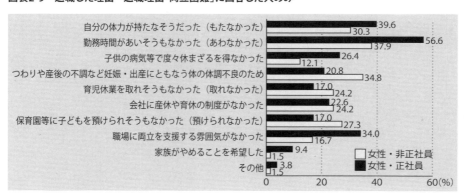

図表2-9 退職した理由－退職理由「両立困難」に回答した人のみ

出典:「平成27年度労働者アンケート調査」(厚生労働省)

第2章　キャリアデザインと人生設計(1)

振り返りシート

学籍番号	氏名

1. 図表2-3「現代家族のライフサイクル」を参考に未来の自分のライフコースを年齢と出来事を書き入れ、表にしてみましょう。

学卒　　　　　　　　　　　　　　　　　　　　　　　　　　　　　死亡

歳

●ライフサイクルの主な節目
① 学校の卒業・就職
② 結婚
③ 長子誕生
④ 子どもの幼稚園入学
⑤ 子どもの小学校入学
⑥ 子どもの学卒（高校／短大／大 学／大学院／留学）
⑦ 長子の結婚
⑧ 夫の定年ないしは引退
⑨ 妻の定年ないしは引退
⑩ 夫の死亡
⑪ 妻の死亡
⑫ その他…転職、親との同居、親の介護　など

2. 第2章のデータを参考に現代家族のライフサイクルについて答えましょう。

	女性	男性
男女の平均初婚年齢	歳	歳
生涯未婚率	％	％
子どもの扶養期間の平均年数	年間	年間
定年から死亡までの定年後期間	年間	年間

結婚に対する離婚の割合	％
夫婦の平均婚姻期間	年間
女性の子育て後期間の平均年数	年間

第2章　キャリアデザインと人生設計(1)

振り返りシート

3. 女性のライフコースのメリット・デメリットを考えてみましょう。

　①再就業型：結婚とともにいったん退職し、育児が一段落したら再度就業する。
　②就業継続型1：結婚・出産後も妻は仕事を続け、家事労働はできるだけ妻が行う。
　③就業継続型2：結婚・出産後も妻は仕事を続け、家事労働は夫婦で分担する。
　④専業主婦型：結婚または出産を機に退職し、その後就業しない。
　⑤DINKS(ディンクス)型：結婚するが子どもは持たず、夫婦共に仕事を続ける。
　⑥非婚就業型：結婚の予定はなく、家事労働も仕事も自分で両方行う。

	メリット	デメリット
①再就業型		
②就業継続型1		
③就業継続型2		
④専業主婦型		
⑤DINKS型		
⑥非婚就業型		

（分類は国立社会保障・人口問題研究所「第13回出生動向基本調査」(2007年)に依拠し、一部加筆した）

第3章 キャリアデザインと人生設計(2)

現代人の
生涯収支と
職業

　第3章ではキャリアデザインの経済的側面を学びます。現代人の平均的なライフコースでは、生活を支えている収入と支出のバランスはどのようになっているのか、モデル家族を参考に生涯収支の実態を学びます。
　職業に就く理由の一つは、個人や家族の衣食住などの生活費を賄い、子どもの教育の費用を捻出することにあります。データに基づいて、人生における生涯支出をきちんと把握し、就業によって得た収入が生きていく上で必要、かつ重要であることを経済的側面から確認します。
　職業生活が経済的な意味で不可欠であるという視点から、キャリアデザインと個人の生活設計について考えてみましょう。

第3章　キャリアデザインと人生設計(2)

テーマ：現代人の生涯収支と職業

目的：現代人の生涯収支と職業の経済的側面について理解しましょう。
1. 自分のライフコースにおける職業の経済的意味について考えます。
2. 現代家族の生涯収支の現状を各種データから具体的に知ります。
3. 現代人の職業生活の持つ経済的意味がますます重要になっていることを理解します。

講義の目的・目標の把握

1. **導入**

    挨拶、今日の授業目標と概要を説明します。

2. **職業生活が持つ意味**

    (1) マズローの欲求5段階説

    (2) 職業の持つ多面的な意味

    ①経済的報酬　②安定性・継続性

    ③社会的人間関係（役割と規範）

    ④社会的評価　⑤自己実現・自己啓発

3. **現代家族の生涯収入と支出の現状**

    就職、結婚から老後まで、生活に必要な費用を具体的なデータから学びます。

4. **自分のライフコースの生涯収支**

    自分の生涯収支を予測し、概算を出します。人生設計には、経済的報酬を含めたキャリアデザインを同時に考えていく必要があることを理解します。

5. **まとめ**

    具体的なデータから現代家族の生涯支出の現状を知り、「自分や家族が自立できる収入を得るために働く」という職業を持つことの基本的な意味を再確認します。

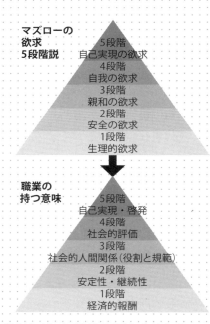

1 マズローの欲求5段階説

　米国の心理学者アブラハム・H・マズローは、人間の欲求は、「生理的欲求」「安全の欲求」「親和の欲求」「自我の欲求」「自己実現の欲求」と5段階のピラミッドのようであると考え、欲求段階説を唱えました。マズローによると、人間の欲求は底辺から始まり、ある欲求が満たされると、1段階上の欲求を持つようになるといいます。
　第1段階の生理的欲求や第2段階の安全の欲求は、人間が生きる上での衣食住や安全などの基本的な欲求です。第3段階の親和の欲求は、他人とかかわりたいという集団帰属の欲求で、第4段階の自我の欲求とは、自分が集団から価値ある存在と認められる認知の欲求のことです。最終段階の自己実現の欲求とは、自分の能力を発揮し、自己成長したいという欲求のことです。

2 職業の持つ多面的な意味

　職業を持つことには多面的な意味があります。マズローの欲求5段階説を職業の意味に対応させると、次のようになります。

❶**経済的報酬**…仕事があってこそ、第1段階の衣食住の充足や向上が実現します。また報酬という形で、自分の能力や労働を金銭的に評価される側面もあります。

❷**安定性・継続性**…第2段階の安全の欲求は、職業生活の継続性によって、経済的報酬の見通しがつき安心できると同時に、安定した人間関係や仕事が保障されます。

❸**社会的人間関係（役割と規範）**…継続した安定的な職業生活は、仲間や友達がほしい、居場所がほしい、他者に信頼されたいという第3段階の親和の欲求を満たします。親和の欲求は職業を通じた人間関係で実現されます。また、職業生活では職場でのルールや規範があり、個人が果たすべき社会的役割と行動様式が用意されています。

❹**社会的評価**…自分が集団から価値ある存在と認められたいという第4段階の自我の欲求は職業役割を通しても得ることができます。報酬はその金銭的な証となります。

❺**自己実現・自己啓発**…第5段階の自分の能力を発揮し、自分の年齢やライフステージによって発展・自己成長したいという欲求は職業役割やその変化を通して満たされます。職業役割の遂行を通して、自己を発見し、自分を高め、充実感を得ることができるのです。

　職業の意味を「やりがい」や「自分を生かす」など最も高度な人間的欲求に結びつけて考える傾向がありますが、第3章では最も基礎的な人間的欲求を満たす手段とし

てとらえます。生きるために必要な衣食住を充足することができ、収入の見通しをたて安心して生活する手段としての職業の経済的側面について見ていきましょう。

3　モデル家族の生涯収支

(1) モデル家族の収入

結婚した男女の核家族をモデルとして、労働統計や調査を参考に生涯収入を試算すると以下のようになっています。

モデル家族の生涯収入		
夫	大卒、会社員（正規社員）、転職経験あり、60歳定年退職 →22歳で就職、30歳で結婚 生涯所得推計値　2億8,100万円（退職金含む）	税引き後 2億5,000万円
妻	大卒、パート、出産後パート職 →22歳で就職、29歳で結婚 生涯所得推計値　6,100万円（退職金含む）	税引き後 5,900万円
家族の合計収入（手取り）		夫の所得＋妻の所得＝3億900万円

＊ユースフル労働統計・ニッセイ基礎研レポート大卒女性の働き方生涯所得推計を参考

家族の生涯合計収入の試算は、性別、学歴、就業形態、転職の有無、企業の規模によって大きく異なります。労働統計をみてみますと、高卒の男女の生涯収入は、男性の方が女性よりも約6,000万円高くなっており、男女の賃金格差があります。また、学歴が高い方が生涯賃金も高く、男女とも高卒よりも大卒の方が6,500万円ほど高くなっています。転職の有無では、転職せずに同一企業で就業継続した場合の方が転職している場合よりも生涯所得が2,500〜5,000万円ほど高くなっています。さらに、企業規模が大きいほど生涯収入が高く、100人未満の企業よりも1000人以上の企業のほうが、男性では約1億円、女性でも6,000万円生涯収入が高くなっています。男性で、学歴が高く、大企業に就職し、転職しないケースがもっとも生涯収入が多いことが統計からみてとれます。

家族の生涯所得推計で考えてみますと、夫、妻とも大卒で正社員、定年まで仕事をつづけたケースでは、夫は2億5,000万円、妻は2億3,000万円で、合計の家族の生涯所得は4億8,000万円になります。夫婦とも正社員で就業を継続しているケースの生涯所得は、妻が出産後専業主婦のケースよりも1億9,200万円多く、妻が出産後退職し、パートとして再就職したケースより1億7,100万円多くなります。妻の働き方の違いが世帯あたりの生涯収入の格差になっているのです。

近年、生涯賃金は下がる傾向にあり、ここ15年間に男性で約2,000万円、大卒女

図表3-1　2015年の生涯賃金（転職経験者と生涯同一企業で継続就業した者）

学歴	男性（転職あり）	男性（同一企業）	男性（退職金）	女性（転職あり）	女性（同一企業）
高校卒	1億9,760万円	2億5,380万円	1,420万円	1億3,080万円	1億8,710万円
高専・短大卒	2億60万円	2億5,220万円	1,540万円	1億6,180万円	2億650万円
大学・大学院卒	2億8,920万円	2億8,920万円	1,880万円	1億9,890万円	2億4,210万円

出典：「ユースフル労働統計　2017年」

図表3-2　学歴別の生涯賃金の変化

	女性		男性	
年	高校卒	大学・大学院卒	高校卒	大学・大学院卒
2015年	1億3,080万円	1億9,890万円	1億9,760万円	2億6,220万円
2000年	1億4,410万円	2億2,910万円	2億1,910万円	2億7,900万円

図表3-3　2015年の企業規模別生涯賃金（退職金含めず）

大学・大学院卒	男性	女性
1000人以上	3億50万円	2億2,040万円
100～999人	2億4,290万円	1億9,530万円
10～99人	1億9,760万円	1億6,170万円
大学・大学院卒	2億8,920万円	2億8,920万円

出典：「ユースフル労働統計　2017年」

図表3-5　非正規雇用者比率（男女年齢別2018年）労働力調査

	年	15～24歳	25～34歳
男	2000	38.5%	5.6%
	2018	49.8%	14.9%
女	2000	42.3%	31.6%
	2018	56.0%	38.6%

＊非正規雇用者にはパート・アルバイトの他、派遣社員、契約社員、嘱託などが含まれる

図表3-4　大卒女性の働き方別生涯所得「ニッセイ基礎研レポート」（退職金を含む）

働き方のケース	生涯収入
同一企業でフルタイムの正規雇用、就業継続、60歳で退職、	2億5,816万円
同一企業でフルタイムの正規雇用、就業継続、60歳で退職、2人子供出産、育休利用	2億3,008万円
正規雇用、出産後退職・非正規社員	9,670万円
正規雇用、出産後退職・パート	6,147万円
正規雇用、出産後退職	3,795万円
フルタイムの非正規社員、就業継続、60歳で退職、	1億1,567万円
フルタイムの非正規社員、出産後退職、パート	4,806万円
フルタイムの非正規社員、出産後退職	2,456万円

性では約7,000万円も減っています。また、男女とも非正規雇用者率が増加し、20代後半女性の38.6％が、男性の14.9％が非正規雇用になっており、夫、妻とも非正規社員やパートで家族の生涯所得が1億円にも満たないケースもあります。就業形態による家族間の収入格差が大きいことが分かります。

（2）モデル家族の支出

夫婦と子供2人の家族を想定して、支出を考えてみます。①生活費、②住宅費、退職後の老後の資金、④保険などが考えられます。そのほかに、自家用車や持ち家を購入した場合にも大きく変化します。支出は、収入

図表3-6　生涯支出の概算

項目	支出額
①生活費	27万円/1か月×12か月×38年間＝1億2,312万円
②住宅ローン	200万円/年×25年間＝5,000万円
③結婚関連費用	265万円
④退職後の老後の資金	9万円/1か月×12か月×25年間＝2,700万円
⑤保険	2万円×12か月×50年間＝1,200万円
⑥葬儀関連費用	195万円×2人＝390万円
合計	2億1,867万円

・老後の資金…公的年金で生活に不足する費用
総務庁　家計調査（2016年）、日本消費者協会調査などを参考に筆者作成。

やライフスタイルによって多様なケースが考えられます。例えば、男女が結婚し、子供が2人、家を購入し、保険にも加入し、老後の資金も貯蓄するにはどれくらいの費用がかかるでしょうか。総務庁の家計調査や消費者協会のアンケート調査などを参考にして、生涯支出を概算しますと、生活費（教育費や車のローンなどは含まない）だけで約2億2000万円の支出が見込まれることが分かります。

(3) 子どもにかかる費用

少子化の原因になっているとも言われる子どもの教育費と教育関連費用について見てみましょう。

次の表は、AIU保険会社「AIU現代の子育て経済考」（2005年）による、①子どもにかかる基本的養育費用、②子どもにかかる教育費用、③子どもにかかる教育関連費用です。この試算によると、幼稚園から大学まで、すべて国公立の学校に通い、大学も自宅から通学した場合、子ども1人にかかる費用は、出産から大学まで3,000万円を超えています。試算の最大費用は私立医歯系で自宅外学生の場合で6,500万円弱となっています。この中には車、パソコン、結婚式などの費用は含まれていません。それでも1人の子どもにかかる費用は平均4,000万円前後と考えられ、子ども2人では平均7,000～8,000万円の費用がかかることになります。

図表3-7　子どもにかかる費用の概算

①子どもにかかる基本的養育費用	
1) 出産・育児費用	約91万円
2) 22年間の食費	約671万円
3) 22年間の衣料費	約141万円
4) 22年間の保険医療	約193万円
5) 22年間のおこづかい	約451万円
6) 子どもの所有品費	約93万円
合計	約1,640万円

②子どもにかかる教育費用（幼稚園から大学まで）			
1) 公立幼稚園	64万円	／私立	147万円
2) 公立小学校	308万円		
3) 公立中学校	229万円	／私立	525万円
4) 公立高校	252万円	／私立	479万円
5) 国立大学	492万円	／私立文	604万円
6) 私立医歯	2965万円	／私立理	720万円

③子どもにかかる教育関連費用（4年間）	
1) 教育関連費用	約45万円
・修学旅行・卒業旅行費	
・入試関連費用（受験料・宿泊費）	
2) 住居費	約324万円
・自宅外学生家賃・入居時敷金・礼金	

ケース別の教育費用	
1) すべての学校が国公立	1,345万円
2) 小学校以外が私立文系	2,063万円
3) 小学校以外が私立理系	2,179万円
4) 小学校以外が私立で医歯系	4,424万円

参考　AIU保険会社「AIU現代の子育て経済考」（2005年）

(4) モデル家族の生涯収支

さまざまな事例ごとに、家族の生涯収入と支出のバランスを考えてみましょう。

事例1は、家族モデルとしては、妻が大卒で夫と同じように定年まで正社員として働いたと仮定した、最も収入の多いケースです。このケースでは概算で算出される生活費や教育費、老後の費用などの平均的な費用を支出し、さらに、共働きによる子

図表3-8　モデル家族の生涯収支

事例1　夫(大卒、会社員)、妻(大卒、定年まで勤務)、子ども2人(私立文系1人、私立理系1人)

生涯収入		生涯支出		生涯収支(生涯収入−生涯支出)	
夫	2億5,000万円	生活費	2億2,000万円		
妻	2億3,000万円	教育費	5,000万円		
合計	4億8,000万円	合計	2億7,000万円	合計	2億1,000万円

事例2　夫(大卒、会社員)、妻(大卒、出産t後パート)、子ども2人(私立文系1人、私立理系1人)

生涯収入		生涯支出		生涯収支(生涯収入−生涯支出)	
夫	2億5,000万円	生活費	2億2,000万円		
妻	6,100万円	教育費	5,000万円		
合計	3億1,100万円	合計	2億7,000万円	合計	4,000万円

事例3　夫(大卒、会社員)、妻(大卒、出産後専業主婦)、子ども2人(私立文系1人、私立理系1人)

生涯収入		生涯支出		生涯収支(生涯収入−生涯支出)	
夫	2億5,000万円	生活費	2億2,000万円		
妻	3,800万円	教育費	5,000万円		
合計	2億8,800万円	合計	2億7,000万円	合計	1,800万円

事例4　母親(大卒、出産後非正規社員)、子ども2人(国公立)

生涯収入		生涯支出		生涯収支(生涯収入−生涯支出)	
母親	9,700万円	生活費	1億4,000万円		
		教育費	2,800万円		
合計	9,700万円	合計	1億6,800万円	合計	▲7,100万円

＊生涯収入は、男性は「ユースフル労働統計」2017、女性は「ニッセイ基礎研レポート」を参考に、生涯支出は「AIU現代の子育て経済学」、総務庁「家計調査」2016を参考に試算した。10万円以下については四捨五入にして概算した。

どもの保育費用などの支出を考慮しても、支出より収入の方が2億円以上多くなります。子どもを費用のかかる私立の学校や塾に通わせたり、習い事や留学を経験させたりするのも十分に可能です。また、自分たちも家や車を購入し、海外旅行などゆとりのある暮らしや老後を送ることができます。

　事例2は、家族モデルとしては、妻が大卒で結婚まで正社員として働き、出産退職後パート職として復職したと仮定したケースです。このケースでは生活費や教育費、老後の費用などの平均的な費用を支出すると、支出より収入の方が4,000万円多くなります。しかし、ゆとりある老後には5,000万円かかるとも言われ、ゆとりのある暮らしや老後を送るには十分な収入と言えないことが分かります。

　事例3は、妻が短大卒で結婚まで正社員として働き、出産退職後に専業主婦になったと仮定したケースです。このケースの生涯収支は支出より収入の方が1,800万円多くなります。妻の収入が期待できない場合は、夫の収入が少しでも落ちると、生涯収支が赤字になりかねません。この事例では、子どもに費用のかかる教育を受けさせたり、ゆとりのある暮らしや老後を送ることは難しいと言えます。

　事例4は、母親が大卒で出産退職後は再就職し、派遣社員などの非正規社員とし

てフルタイムで働きながら、子ども2人と生活すると仮定したケースです。子どもは国公立学校に進学、自宅通学するとして教育費を想定します。生活費は通常の75%、老後の費用などは平均的な家族の半額と考えても、7,000万円を超える赤字になります。母親が正規社員で継続就業しても、100人未満の規模の小さな企業で働いた場合、生涯収支はほぼゼロとなります。ゆとりある暮らしや老後を望めないばかりでなく、生活費にも困り、子どもの教育にも経済的な制約があることになります。

(5) ひとり親家庭の経済の現状

2016年の厚生労働省の「全国ひとり親世帯等調査」によると、母子世帯数は123.2万世帯、父子世帯数18.7万世帯で、ひとり親世帯の86.8%が母子世帯になっています。母子世帯の平均年間収入は243万円、うち母の年間就労収入は200万円です。父子世帯の平均年間収入は420万円、うち父の年間就労収入は398万円になっています。これを、子育て世帯の平均収入707.8万円（国民生活基礎調査2016）と比較しますと、母子世帯の収入は子育て世帯の平均収入の3分の1、父子世帯でも6割にとどまっており、ひとり親世帯の収入が低いことが分かります。

図表3-9　母子世帯と母親の年間収入

	100万円未満	100万～200万円未満	200万～300万円未満	300万～400万円未満	400万円以上
母親の平均年間就労収入＝200万円	22.3%	36.8%	21.9%	10.7%	9.2%

＊母子世帯の平均年間収入＝243万円　　出典：厚生労働省「全国ひとり親世帯等調査」

事例5は、母子世帯になってからの平均収入と支出の概算を算出したものです。子ども1人で、すべての学校は国公立で自宅から通学し、月5万円の家賃のアパートに住み、老後資金や生活費を平均的な家庭の半額と考えても、母子世帯になってからの生涯収支は約2,700万円の赤字になってしまいます。

図表3-10　母子世帯の生涯収支

事例5　母子世帯、子ども1人（国公立）

母子家庭での生涯収入		母子家庭での生涯支出		生涯収支（生涯収入－生涯支出）
母親	243万円×26年間	生活費	7,629万円	
		教育費	1,390万円	
合計	6,318万円	合計	9,019万円	合計　▲2,701万円

(6) 教育費負担の増加：
　　教育費が家計を圧迫、奨学金・教育ローン利用世帯の増加と負担増

近年、家計に占める教育費の割合が増加し、教育費負担が家計を圧迫しています。平成25年2～3月に国の教育ローンを利用した4,942世帯対象の日本政策金融公庫

の教育費負担の実態調査によりますと、高校入学から大学卒業までの費用は、子ども1人当たり1,055.8万円となり、前年調査よりも24.1万円増加しています。しかし、世帯収入は552.6万円と前年より5.2万円減少し、世帯年収に占める学校教育費や家庭教育費などの在学費用の割合は、子ども2人世帯では平均40.1％となり、世帯収入が「200万円以上400万円未満」の層では58.2％と年収の6割近くをしめており、過去7年で最高となっています。

平成28年の日本学生支援機構の学生生活調査によりますと、国立大学に在学し、自宅通学の大学生の1年間（授業料も含む）の生活費は約110万円、私立大学で自宅外通学の学生の生活費は約250万円と、2.3倍にもなっています。自宅通学か自宅外通学か、進学先が私立か国公立か、文系か理系か、などでも大きな生活費の格差があることが分かります。

世界では、デンマーク、フィンランド、ノルウェー、スウェーデンのように大学の授業料が無料の国や、カナダ、オランダ、スペイン、ポルトガルのように国公立と私立の授業料が同額の国も多いのです。しかし、日本の授業料の高さは世界で3番目であり、世界のなかでもトップクラスです。また、世界の大半の国は国公立大学の比率が7割を超えるのが普通ですが、日本では国公立大学が25％で私立大学が75％と、私立大学が多く、しかも私立大学の授業料が高くて、私立と国公立大学との授業料格差が大きいのが特徴です。

教育費の捻出方法として、前出の教育費負担の実態調査によりますと、節約（56.3％）を超えて奨学金の利用（59.9％）が1位に上がっています。さらに、在学者本人のアルバイト（40.7％）が3位になっています。実際に日本学生支援機構の奨学金を受給している割合（平成28年）は大学生で48.9％、修士課程でも51.8％となっており、半数の学生が公的な奨学金を利用していることが分かります。現代の日本では教育費が高騰し、子どもを学校に行かせるために節約をして、子ども自身もアルバイトをして、さらに足らずに奨学金や教育ローンを利用するというように、学び続けるためには経済力が必要となるのです。

図表3-11　平成28年度　年間学生生活費（授業料＋生活費）

区分		自宅	下宿・アパート
大学（昼間部）	国立	1,09万0,100円	1,74万3,500円
	私立	1,75万9,400円	2,49万2,500円
	平均	1,66万7,200円	2,20万1,000円

出典：学生生活調査「日本学生支援機構」

図表3-12　OECD(経済協力開発機構)公開の各国の学費（2015-2016年）

順位	国名	国公立大学学費（米ドル）	私立大学学費（米ドル）
1	アメリカ合衆国	8,202	21,189
2	チリ	7,654	7,654
3	**日本**	5,229	8,428
4	カナダ	4,939	4,939
5	オーストラリア	4,763	8,827
6	韓国	4,578	8,205

第3章　キャリアデザインと人生設計 (2)

振り返りシート

学籍番号 _____　　氏名 _____

1. 大卒男性、高卒男性の生涯収入（大卒から定年まで）は平均どれくらいですか。

    大卒男性　約 _____ 万円　　高卒男性　約 _____ 万円

2. 大卒女性、短大卒女性の生涯収入（大卒から定年まで）は平均どれくらいですか。

    大学卒　　定年退職まで継続勤務　　約 _____ 万円

    　　　　　出産退職後再就職（子6歳）　約 _____ 万円

    短大卒　　定年退職まで継続勤務　　約 _____ 万円

    　　　　　出産退職後再就職（子6歳）　約 _____ 万円

    　　　　　出産退職後パート再就職　　約 _____ 万円

    　　　　　出産退職後専業主婦　　　　約 _____ 万円

3. 厚生年金（会社員男女）、国民年金（自営業者・自営業者の妻・フリーターなど）は掛け金を40年間支払った場合、1ヵ月どれくらいの金額を受け取れますか。調べてみましょう。

    厚生年金　約 _____ 万円　　国民年金　約 _____ 万円

4. 子供にかかる教育費（幼稚園から大学まで）は1人平均どれくらいですか。

    ① 幼稚園−小学校−中学校−高校−大学（すべて国公立）約 _____ 万円

    ② 幼稚園−小学校−中学校−高校−大学（小学以外私立）約 _____ 万円

5. 子供にかかる費用は1人平均どれくらいだといわれていますか。　約 _____ 万円

6. 夫婦2人の老後の資金はどれくらい必要だと思いますか。　約 _____ 万円

7. 第3章で学んだことは何ですか。

_____

第4章 キャリアデザインと人生設計(3)

キャリアの広がりと生涯発達

　第4章ではキャリアデザインの人間的側面を学びます。「キャリアとは、生涯を通じての人間の生き方とその表現である」(エドガー・H・シャイン)といわれます。人生80年のうち40年以上を職業人として過ごす私たちにとって、職業はそうした自己実現＝「自分らしさ」の形成にとって重要な役割を果たします。同時に、私たちは職業人以外のさまざまな役割を一生の間に果たしていきます。各発達段階にはそれぞれの発達課題があり、人はその時々の節目や転機をくぐり、次の段階へと成長していきます。

　ライフキャリアの理論と発達心理学の視点を通じて、キャリアの時間的・空間的広がりを学び、人の生涯発達とは何か、また円滑なキャリア転換の方法について考えてみましょう。

第4章　キャリアデザインと人生設計(3)

テーマ：キャリアの広がりと生涯発達

> 目的：ライフキャリアの空間・時間的な広がりを理解します。
> 1. キャリア発達の基本的考え方とライフキャリア、ライフロールの考え方を学びます。
> 2. 年代ごとの発達と3つの節目、危機(若年、中年、老年)を理解します。
> 3. 段階ごとのキャリアの移行(トランジション)を理解します。

講義の目的・目標の把握

1. 導入

挨拶、今日の授業の目標と概要を説明します。

2. 自律的なキャリア形成

キャリアの定義を再確認しましょう。

3. ライフキャリア、ライフロールとは何か

ライフキャリア、ライフロールについて、さまざまな考え方を学びます。

4. キャリアの生涯発達と3つの節目について

3つの節目である、若年期、中年期、老年期のそれぞれにおける危機と克服について考えてみましょう。

特に、若年期と中年期については生涯発達の視点から深く考察します。

5. 振り返りシートに記入

講義で学んだことを、振り返りシートに記入します。

6. 意見交換

シートの内容を中心にグループでディスカッションします。

7. まとめ

1 キャリア発達の基本的な考え方：ライフキャリア、ライフロール

(1) ライフキャリアの考え方

　第4章では、より満足度の高いキャリアを形成するために、キャリア発達の基礎理論や発達心理学の生涯発達論を中心に考えを深めていきます。

　職業を中心に形成される人生において、キャリアとは主体的選択と経験の蓄積に基づく「自分らしさ」の過去・現在・未来といえます。同時に、皆さんの内的環境（自己意識・自我）と外的環境（社会・経済・組織）の相互作用の結果として形成される「自分らしさ」とも定義できます。

　これまでキャリアは、職業の紹介、職業適性の発見や開発を目的として職業中心に考えられてきました。しかし今日、キャリアの概念は、職業を中心としつつ人生全般を考えるという意味で「ライフキャリア」の考え方へと広がっています。「ライフキャリア」の概念について、基礎的考え方を確立した米国のキャリア論者、ドナルド・E・スーパーの考え方を紹介しましょう。

(2) キャリアレインボーとライフロール

　スーパーは、「個人は能力とパーソナリティーにおいて多様な側面をもち、多様な職業に就くことができる。そして、仕事や生活をする状況は、時間や経験と共に変化し、それに応じて自己概念も変化する」と考えました。スーパーのライフキャリア論の中心となる「自己概念」（自分らしさ）は、青年期に確立されるのではなく、社会的学習を通じて発達・変化し、年齢とともに安定性を増していくと考えられています。その意味で、キャリアは生涯にわたって漸進的・継続的に発達すると考えました。そして誕生から終焉までのキャリアの発達段階を想定し、「ライフ・キャリア・レインボー」を提唱しました。

　このことは、第1章でも簡単に触れましたが、ここでは、もう少し詳細に述べていきます。スーパーは、人の一生を「成長期→探索期→確立期→維持期→衰退期」の5つの段階に分けてマキシサイクルと呼び、キャリア全体を図表4-1のように示しました。さらに各マキシサイクルの中でも、さらに「新成長→新探索→新確立」というミニサイクルがリサイクル（再循環）し、こうしたミニサイクルの循環を通してキャリアは漸進的に発達していくと考えました。

　また、スーパーは、キャリア発達を職業の発達としてのみではなく、職業を含むさ

図表4-1　ライフ・キャリア・レインボー

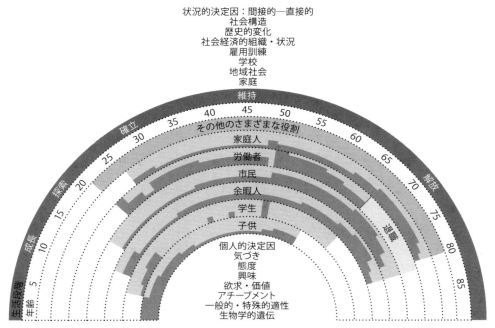

出所：Nevill & Super, 1986を一部改訂

まざまな役割の組み合わせであるとし、人生の各段階におけるライフロール（人生役割）を重視しました。こうした役割を演じる劇場として「家庭、地域社会、教育機関、職場」を挙げ、人が一生を通じて演じるライフロールとして次の9つを挙げています。それは、①子供、②学生、③余暇人、④市民、⑤労働者、⑥配偶者、⑦家庭人、⑧親、⑨年金生活者です。

図表4-2　人生のマキシサイクル

〈マキシ・サイクル〉
成長段階（0～14歳）
探索段階（15～24歳）
確立段階（25～44歳）
維持段階（45～65歳）
衰退段階（66歳以降）

〈ミニ・サイクル〉
新成長
新探索
新確立

　人は、人生の各段階に応じて複数のライフロールを同時に演じ、また、ライフロールは一生のうちに変化していきます。ライフロールは、人生の各段階でその人が投入する時間やエネルギーの量を決定し、職業選択やどのような生活・人生を送るかという決定に重要な影響を与えます。あなたはこれまでどのような役割を演じ、これからどのような役割を担いますか。

　ライフロールは、ワークライフバランスの重要性が説かれる現代にあって、皆さん自身が選択すべき重要な視点といえましょう。

2　キャリアの生涯発達と3つの節目(若年、中年、老年)

「人のキャリアは生涯発達する」という考え方は、キャリアの発達理論、発達心理学、ライフコースの社会学などで研究されています。発達心理学者のダニエル・レビンソンは、人の発達は青年期に終わるのではなく、安定期と移行期を繰り返しながら生涯にわたって起こるとしています。レビンソンは長い成人期を想定しつつ、人の一生を、児童期と青年期、成人前期、中年期、老年期に分け、4つの大きな過渡期を提唱しました。幼児への過渡期（0～3歳）、成人への過渡期（17～22歳）、人生半ばの過渡期（40～45歳）、老年への過渡期（60～65歳）です。それぞれの時期は、高齢化が進む現代では年齢的に多少上がってきていると考えられます。いずれにせよ、人生における重要な転機、あるいは移行(トランジション)の時期が訪れることに変わりはありません。特に「人生半ばの過渡期」は、人生の「来し方、行く末」を考え直す重要な時期として、「中年の危機」などと呼ばれます。移行期には、これまでの自分のやり方がうまくいかなくなり、自分自身の自己認識が動揺するといった「危機」を、程度は違っても経験することが特徴です。

成人の発達段階という視点から人生の3つの危機を展望し、その克服の方法について考えてみましょう。

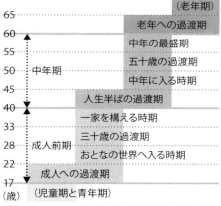

図表4-3　成人前期と中年期の発達段階

出所：ダニエル・レビンソン著、南博訳『ライフサイクルの心理学　上巻』講談社、1992年

3　人生の形成期とその課題：若年の危機と克服

(1)「新米成人時代」の3つの過渡期

はじめに、若年期を見てみましょう。レビンソンは、17、18歳から31、32歳までを「成人への過渡期」（17～22歳）、「おとなの世界に入る時期」（22～28歳）、「30歳の過渡期」（28～33歳）に分け、「新米成人時代」と呼んで、人生前半の生活構造の形成期と位置づけています。

「成人への過渡期」（17～22歳）は、ちょうど大学卒業までの社会に出る準備期と

して、「おとなの世界に入る時期」（22～28歳）は職業組織への参入と順応を通じた社会化の時期として、また、「30歳の過渡期」（28～33歳）は社会人・職業人として安定へと向かう過渡期として、位置づけられるでしょう。企業人を想定すると、20代前半の入社間もない新人時代を経て、30歳前後までは新しい仕事を覚え、社会の中で自身の役割や位置づけを模索する時代が続きます。ゲイル・シーヒーを引用して金井壽宏（神戸大学教授）は「何でも試してみる20代」と表現しています。例えば、卒業後3年以内に転職する人もいるでしょう。七・五・三現象といわれる若者の早期離職は、理論的には労働市場の流動化にともない、キャリア初期に調整可能性が拡大したものと肯定的に評価することもできます。ただし、安易な転職は漂流（キャリア・ドリフト）につながり注意が必要です。

(2) 職務適応と職場適応

転職せずに仕事を継続していけば、より深い就業経験を積むことができます。新たな組織にメンバーとして参入するには、2つの適応が求められます。職務適応と職場適応です。組織は、企業であれ、ボランティア団体であれ、メンバーの仕事を通じて目的を果たす機能組織です。まず仕事を覚え、与えられた機能を果たすことが求められます。同時に、組織では他の人々とのチームワークが必要です。職場での役割の獲得、同僚との良い関係の形成、つまり職場コミュニティーへの適応が求められます。組織への参入直後のソーシャライゼーション（社会化）を通じて、組織の中での行動様式や文化を身に付け、メンバーとしての地位と役割を獲得します。

20代の成人前期では、さまざまな経験を積みながら、自分らしさを見極めていくことが重要です。自分が経験していることが、自我、あるいは自己認識に十分な深みを与えるものとして理解され定着するには、ある程度のコミットメント（参与）が必要です。もちろん、自分自身の夢や理想と就職直後に発見する職場の現実は、大きく違っていることがあるでしょう。それでも努力をし、本当に自分自身と合わないと思ったならば、早期に転進しましょう。しかし、自分中心で狭い視野のまま早々に適応をあきらめて、努力を払わないのでは、次の職場でも夢はかなわないと思います。相応の努力を払って克服できれば、「一皮むけた」自分へと成長できるでしょう。うまく克服できなかったとしても、経験を自分にとって意味づけられれば、「自分らしさ」の形成に重要な礎となります。

(3) キャリア・ミストとライフコンボイ

働き方を覚え困難や危機を克服し、職場の仲間との関係を築き安定を得てみると、

本当にこれでいいのだろうかという疑問が生じたり、自分はどこに向かっているのだろうという漠然とした不安を感じたりするかもしれません。キャリア・ミストといわれるこの状態は、成人前期のみではなく、中年期、老年期にも見られます。レビンソンによれば、特に「30歳の過渡期」を通じて、人はそれまでの仮の生活構造に疑問を抱き、動揺し、喪失感を感じるなど「30歳の危機」を迎えます。

その時には、立ち止まって自分のキャリアを振り返り、環境を分析してみましょう。周りの人に相談してみることも有効です。職場の先輩、上司などに、メンター（先導者）がいる人はアドバイスを求めてみましょう。職場や家庭では話しにくい場合は、学校の恩師など所属組織以外の人からも、アドバイスを得ることができます。長い人生の要所要所でアドバイスをくれる導き手のことを、ライフコンボイといいます。

4　人生の後半への出発：中年の危機とその克服

次に、中年期を見てみましょう。心理学者のC.G.ユングは人生を「太陽の運行」に例え、40歳を「人生の正午」と表現しました。ただし、ユングの場合は生物学的・発達心理学的な正午であって、職業生活の視点からは職業を通じたキャリアの確立期ととらえる視点もあります。

(1) 中年期の発達課題：過去と未来をつなぐ現在

近年の厳しい経済環境の下で、多くの企業が人事・雇用政策を見直しています。これまでも40代は管理職として多くの部下を抱え、より重い責任を担う立場となる世代であり、組織内キャリアという視点からも転機となりました。1990年代の長期不況下で、早期退職制度、役職定年制度などが普及しましたが、その対象の年代がこの40代半ば以降です。50歳での役職定年、外部出向、給与減額などを目前にして、キャリアの見直しが迫られるのもこの年代です。

中年期の発達課題について、レビンソンの発達心理学やエリク・H・エリクソンのアイデンティティー論を紹介します。

発達心理学の代表的論者であるレビンソンは、40歳から60歳までを中年期ととらえ、40歳から45歳を成人前期から中年期に移る「人生半ばの過渡期」と位置づけています。「人生半ばの過渡期」は、成人前期と中年期の橋渡しをする時期で、過去と折り合いをつけ、未来に備える時期です。ここでの課題は、人生の半ばにあって、①成人前期の生活構造を見直し、再評価して成人前期を終わらせること、②中年期に踏み入るための生活構造の変更・修正などの準備をすること、③自分の生活の深層で

分断している両極性を克服することです。

　レビンソンは、中年期には未来を展望した視野から、限りあるものとして残る時間を賢明に使いたいという欲求の下に、30代に構築した過去の生活構造を見直すことになるとしています。中年期は、既に職業人として十分な経験と実績を積み、どれくらいの仕事がどれくらいの時間とエネルギーを投入して達成可能かという自分なりの見通しがつけられる段階に達していることでしょう。同時に、既に会社や地域社会の中で一定の地位と役割を確立し、自分自身の社会的な限界も、現実的に認識できる年代に達しているといえます。

(2)中年期の発達課題:「個性化」

　「人生半ばの過渡期」は「個性化」といわれる内面の再確立も課題となるでしょう。個性化とは、自分自身との関係、外界との関係の構築です。自分は何者であるかを明確に意識し、外界との境界を築くことにより他者との関係を明確に構築し、自立し、自己生成することです。レビンソンは、中年期にふさわしい生活構造を作り上げたければ、個性化が必要であるとしています。そして、この時期の個性化の持つ4つの発達課題として以下の両極性（対立）の統合・克服をあげています。

①**若さと老い**…肉体的にも精神的にも20代の若さはない。しかし、まだ新しいものに挑戦する意欲と体力を残し、成人前期にはない安定と見識を得ている。
②**破壊と創造**…成人前期には古いものの破壊に注力したが、これからは自分の中の破壊性と折り合いをつけ、創造的活動にエネルギーを割くよう調整する。
③**男らしさと女らしさ**…自分自身のみを見つめた利己的な強さから、他人を慈しみ、愛し、育てるといった包容力の徳を身に付ける。
④**愛着と分離**…愛着を持って没入し、求め、根づいていたものから、いったん分離し、自分と外界との関係を見直すことで、アイデンティティーを深く探索する。

　こうした対極にある発達課題に立ち向かい、バランスをとり、統合・調和させていくことで、より安定的な中年期の生活構造へと移行できます。同時に、より大きく深いアイデンティティーを再構築することで、精神的にも安定し元気な中年へと成長していきます。エリクソンが提唱する「世話」という美徳と世代間の「生殖性」（生産性・経承性）という特性を得て、自分自身の役割を再構築して安定していくことになります。

5　人生の終盤への課題:老年の危機と克服

　最後に、老年期から晩年期を見てみましょう。人は、60歳代前半に中年期を終え、80歳を越えて人生の終盤に向けた晩年期を迎えます。レビンソンは、60歳から65歳を「老年への過渡期」とし、この時期の発達課題を老年期にふさわしい新しい形の若さを持ち続けることとしています。レビンソンとエリクソンの考え方に基づいて、この時期の危機とその克服について考えてみましょう。

(1)新しい自我と生活構造の形成

　老年期への移行期には、生物学的、精神的、社会的な変化が表れて、いや応なく生活の変化がもたらされます。65歳定年へと就業が延長され、まだまだ元気な老人として高い就業意欲を持ち続けてはいるものの、老化と寿命を思い知らされるし、社会的にも引退・退職を通じて社会関係の変化を経験することになります。レビンソンは、こうした社会的変化を、「中央舞台から降りる」と表現しています。それは精神的苦痛をともなうものであるかもしれません。しかし、老年期には、さまざまな社会的なしがらみから離れてより自由に、純粋に自分自身を見つめ、新しい形での自己と外界の関係を自分中心に形成する可能性が開けています。老年期の発達課題は、社会とのかかわり、自分自身とのかかわりに新しいバランスを見つけることです。若い活力、自己と外界との成長力のつながりを失わなければ、創造的で賢明な年長者になれるとレビンソンは主張しています。

(2)老年期の発達課題:「統合」

　一方、エリクソンは、「老いるということは偉大な特権である。それによって、長い人生を振り返り、振り返りつつその人生を追体験できる」と述べています。老年期から晩年期への発達課題は、自分自身の人生の物語を語れること、つまり、自分の人生を何らかの形で肯定し、統合的に意味づけることです。この時期が「シニアの危機」といわれるのは、こうした統合と絶望の間で揺れ動くことになるからです。特に「老年への過渡期」には多くの絶望感を抱かせる要因があります。この段階で自分の人生を受け入れられずに否定するとしたら、いかに世間的に成功していようとも、深い絶望感に陥ることでしょう。もはややり直しの時間はありません。一方で、人生が完璧ではないことを受け入れつつ、自分の人生を人生全体として意義付け、自己肯定できれば、そこに「英知」を生むことができます。老年期は衰退期であるとともに、さらに成長し、後から来る世代に「英知」を伝えるチャンスでもあるのです。

第4章　キャリアデザインと人生設計(3)

振り返りシート

学籍番号　　　　　　　氏名

1. あなたのライフロール（人生役割）を明確にしてみましょう。各年代のあなたの想定される生活時間を、投入エネルギーの量を勘案しつつ、以下に表現してみてください。想定できない年代については、家族や周囲の人にインタビューしてみましょう。

　　9つのライフロール
　　① 子供　② 学生　③ 余暇人　④ 市民　⑤ 労働者
　　⑥ 配偶者　⑦ 家庭人　⑧ 親　⑨ 年金生活者

〈現在：　　　　歳〉
　　　　　　　　　　　　　　　　　　　　　　　　　　　%

〈将来：30歳〉　　　　　　　　　　　　　　　　　　　%

〈将来：45歳〉　　　　　　　　　　　　　　　　　　　%

〈将来：65歳〉　　　　　　　　　　　　　　　　　　　%

2. あなたが大学を卒業してから30歳までの生活を想定して、以下に記述してください。

3. あなたは30歳になったときにどのようになっていたいですか。（仕事、家庭、自分）

「2.3」は「大学生のためのキャリア計画案内」武田圭太　豊橋創造大学紀要第9号2005(P111)を参照した。

第5章 キャリアデザインのための自己理解(1)

働く意味と自分の職業観

　第5章ではキャリアデザインの前提となる「なぜ働くのか」「何のために働くのか」という課題をさまざまな側面から検討します。その上で、キャリアデザインの意味を考えます。

　豊かになった現在の日本では、「なぜ働くのか」に対する答えは多様化しています。職業を持つのは、就業による報酬がもたらす経済的意味だけではありません。この章では、まず働く意味の多様性を知り、現在漠然と持っている価値観を明確にしていきます。しかし働く意味や価値観は個々人のライフステージ（年代）によって大きく変化します。そのようなライフステージの変化も視野に入れながら、自分の価値観と将来のキャリアの関係を考えてみましょう。

第5章　キャリアデザインのための自己理解（1）

テーマ：働く意味と自分の職業観

目的：自己のキャリア意識を明確にします。
1. 「人はなぜ働くのか」に対する理由の多様性を理解します。
2. 「家事、育児、趣味、ボランティア、地域活動」と職業との違いを理解し、自分の人生観・職業観について考えます。
3. 人生の各ステージ（年代）での価値観の変化について考えます。

講義の目的・目標の把握

1. 導入

挨拶、今日の授業目標と概要を説明します。

2. 人生に求める価値観

（1）個別化と多様化が進み、職業選択も個人の能力や志向性などが重要になっており、働き方や働く意味も多様化していることを学びます。

（2）現代人が職業に求める意味にはどんなものがあるのかについて理解し、自分の人生観と照らし合せて、何が重要なのかを考えます。

3. 社会的活動における意味や担い手の違い

（1）社会的活動は内容や領域によって意味の違いがあることを学びます。特に職業、家事・育児、学習、趣味、ボランティア、地域活動などの意味の違いを考えます。

（2）人生の各ステージで価値観やライフスタイル、活動領域が変化することを学びます。

（3）私たちが行っている社会活動の意味と担い手の特徴を考えます。

（4）就業形態によって職業の持つ意味や求める意味にどのような違いがあるのかを考えます。

4. まとめ

社会活動領域によって意味付けが違うこと、職業の独自の意味について考えます。

1　変わる社会状況と多様化する職業観

(1) 豊かな社会、高度情報社会

　経済が発展し豊かな社会になると、さまざまな場面で多様な選択ができるようになります。情報が価値を生み、あらゆるモノが大量に消費される高度情報社会の進展は、「豊かな社会」の意味を大きく変えます。他者との差異や個人的な意味付けが重要になってくるのです。

(2) 変化が速くて競争が激しい社会、能力主義・業績主義の社会

　経済の発展は金融、流通、生産の形態や技術の大変革をもたらし、変化のスピードが非常に速い社会になります。市場の国際化が進み、企業間の競争が激化します。個人のレベルでは能力主義、業績主義が浸透します。企業間競争も個人間競争も国の垣根を越えるのです。しかし言葉や文化がすべて共通になるわけではなく、生活は地域のなかで行われます。言葉の壁や文化相互の衝突もあります。地域性と国際性が同時に求められるのも現代社会の特徴です。

(3) ボーダーレス社会、共同参画社会、市民参加の社会

　個人化、価値の多様化が進み、従来の性別、年齢、学歴、居住地や出身階層などを前提とする価値観や方法では、個々人を動かす現実的な力になりません。時にはマスコミやインターネットの影響力が大きい社会になっています。

　経済問題、環境問題では国際的、地域的、生活的な視点が必要です。社会システムや財政改革問題は少子高齢化の進展によって、いずれも緊急の課題になっています。課題解決を行政だけに委ねるということではなく、個人、地域、企業などのあらゆる領域から多様な立場の人が、計画、立案、運営に参画する必要がある社会になっています。企業人は企業のためだけに働き、主婦は家族のためだけに働くわけではないのです。

(4) 多様化する社会──働く意味の変化

　豊かで情報化が進んだ現代社会では、伝統的価値観が失われ、すべての人に共通するモデルや目標がなくなります。個人の重要性は増し、他者との差異化と個々人の意味付けが重要になります。その結果、それぞれの理想や自己実現を追求する社会になり、個人が描く理想や求めるライフスタイルも多様になっているのです。

このような現代社会の変化は、個人の価値観や人生観、職業選択にも大きな変化をもたらしています。個別化と多様化が進み、職業選択もまた、性別や年齢、地域差よりも、個人の能力や志向性などが重要になっています。働き方も多様化し、役所や企業で働く、家庭で家事・育児をするという形だけでなく、NPO（非営利組織）や地域での有償（対価のある）ボランティアという選択肢もあるのです。

2　現代の社会で生きる力と知恵──自己を知る力・模索する力・節制力・自分と折り合う力

（1）自分と向き合い、自分を知る力と知恵

現代はモデルがない時代です。親の生き方や学校での勉強が、必ずしも自分の道を示してくれるわけではありません。指針は自分です。自分の倫理観や価値観、センスが頼りです。自分と向き合うことによって自分を知り、それに従う知恵が必要です。

（2）あいまいな状況を探索的に生きる力と知恵

一言で「自分を知る」と言っても、非常に難しいものです。自分もまた、社会のなかでは相対的な存在でしかありません。音楽が好きでピアノが上手な人は、人生のなかでその特長をどう生かしていくか。ピアニスト、音楽の先生、歌手などの職業人という選択肢もあるでしょうし、趣味という選択肢もあるでしょう。どう生かすのかを判断するには多くの活動や経験を重ねて、模索していくしかありません。人生を探索的に生きる力と、探索的に生きることに耐える知恵が必要なのです。

人生を探索的に生きるには、過度に不安がらず、こだわりすぎず、日々さまざまなことに取り組む前向きな姿勢が大切です。「自分の望み」を現実化するべく、可能性を信じて実践していく実行力が重要になります。このような前向きな姿勢や実践性を通して、さらに自分の価値観や望みが明確になり、「自分の望み」を現実化する力が身に付くのです。

（3）自分と折り合う力と節制力

選択は無限です。しかしヒトである私たちは、体力、能力、お金、時間に限界があります。可能性をすべて実現できるわけではありません。選べなかったこと、うまくいかなかったことと折り合う知恵が大切です。豊かな社会、多様化する社会では、自分にとって特に大切なもの以外には、こだわらない、誘惑に振り回されないという、

精神的な節制力が同時に求められます。

　職業選択やキャリアデザインについても、多様化と選択の時代に求められているのは、「自己を知る力」「模索する力」「節制力」とともに、有限な人間である「現実の自分と折り合う知恵」なのです。

3　現代人が職業に求める意味

　先に、現代はモデルがない時代だと述べました。職業選択やキャリアデザインを考える際にも、自分と向き合い、自分の職業に対する価値観や望みを知ることが大切です。以下に職業選択やキャリアデザインを考える際に、指針となる職業の持つ多面的な意味を示しました。自分は職業にどのような意味を求めているのかを考えてみましょう。

①経済的報酬

　生活のためにはお金が必要であり、現代社会でそのお金を得る最も一般の手段が、職業に就く、就職するということです。報酬は、最低限の生活費だけでなく、より豊かな生活や住まい、持ち物、趣味などを含め、自分らしい暮らしの実現や子どもの教育など、多様な費用に充てられます。職業がほかの社会活動と違う最大の理由は、就業によって得られる経済的報酬にあります。しかし経済的報酬の意味は、具体的な費用に使われることだけではありません。報酬の額やどんな業務によって報酬を得ているかは、その人の能力や労働の金銭的評価でもあり、その職業に対する本人や、周りの人々の評価基準ともなり得るのです。

②安定性・継続性

　職業は経済的報酬や業務を通して、継続的で見通しがつく暮らしを提供してくれます。それは毎日するべき仕事がそこにあり、暮らしに必要な報酬を与えてくれるということであり、安心できる暮らしの保障でもあります。

③社会的人間関係

　人には人間関係や居場所への欲求があります。「おしゃべりをしたり、笑い合ったりする仲間や友達がほしい」「自分のいるべき場だと思う居場所が欲しい」という欲求です。職業は業務を通して、このような人間関係や居場所を提供します。

④役割と規範

　できたての人間関係は弱いものですが、共通の目的を持ち、組織化され、個々人が果たすべき役割とルールができると、強固になります。職業では、役割にともなう行動の仕方、考え方があり、個人の生活や生き方の大きな指針になります。

⑤**社会的評価**

人は生活の安定のためだけに生きるのではありません。時には、社会的評価、社会的地位の獲得が行動の大きな動機になります。職場では役割を通して、組織や部署、職場仲間に必要な人と認められ、同時に、有能な人と評価される機会が多くあります。

⑥**自己実現・自己啓発**

価値の多様化が進むと、すべての人に共通する物さしがなくなり、意識はより自己に集中します。職業では日常にはない役割を通して、新しい自分を見つけ、より成長し、その過程で生きている実感や充実感を得ることができます。

⑦**変化・発展性**

日常生活の多くは繰り返しですが、職業役割は多様であり、変化や発展性があり、自分の年齢や経験を生かして、興味を持って取り組むことが可能です。

4　人はなぜ仕事をするのか

(1) 社会的活動の領域別による意味の違い

仕事をすることは、経済的報酬に加え、安定した生活を保障し、自分の居場所をつくり、社会的な評価を獲得し、自分自身を豊かにし、自己成長を遂げて社会のなかでの役割をしっかりと見つけるなど、多様な意義や動機があります。しかし何を重視するのかは、個人の価値観や置かれた状況や立場によって異なります。

また、人はさまざまな社会的活動をしていますが、活動の領域によって得られるもの、求めるものが異なっています。ここでは、社会活動の領域によって得られる意味の違いを考えてみたいと思います。

①**人はなぜ社会的な活動をするのでしょうか**

職業、家事、育児、趣味、ボランティア、地域活動（例えばPTAや町内会活動）などで当てはまるものには○、当てはまらないものには×、どちらでもないものには△をつけてみましょう。

②**それぞれの領域の活動の特徴を考えましょう**

「職業」には経済的報酬や社会的評価はあるが、その他の活動にはあまりないこと、「家事」は評価されない項目が多いこと、「趣味」や「ボランティア」活動は自己実現活動が中心であることなどに気がついたでしょうか。

しかし、実際は評価が難しく、判断が大きく分かれる場合もあります。例えば職業には本来すべての要素が含まれていますが、職場環境が悪化すると、満足できない報

	経済的報酬	安定性継続性	社会的人間関係	役割規範	社会的評価	自己実現自己啓発	変化発展性
職業							
家事							
育児							
趣味							
学習							
ボランティア							
地域活動							

酬、リストラなどの不安、ぎすぎすした職場の人間関係、不当な地位や評価、単調な作業の繰り返し、発展性や明確な役割がないケースが出てきます。逆に、家事や育児も工夫次第では、子育てネットワークを構築するなど、人間関係を広げて豊かな活動を実現できます。

（2）社会的活動のライフステージ別による意味の違い

　価値観や理想の生活は、年齢やライフステージによって変化します。職業を持つことは、経済的報酬に加え、人間関係や居場所づくり、社会的評価や自己成長を求めるなど、多様な意味があります。しかし何を重視するのかは個人によって異なりますし、年齢やライフステージによって変化します。

①職業選択の時に、何を基準にして選ぶか、優先順位をつけましょう

　職業選択の際に、何を基準にしますか。特に職業に望んでいるものは何でしょうか。先に学んだ職業の持つ7つの意味で、自分が望んでいる順に1～7位まで、順位をつけてください。将来の暮らしをイメージして、順位を考えてみましょう。自分の年齢や生活の状況によって順位が変わるかもしれません。自分だけでは十分イメージしきれなかった場合は、その年代の人の話や考えを聞いてみましょう。

ライフステージ	20歳代	30歳代	40歳代	50歳代	60歳代	70歳代
①経済的報酬						
②安定性・継続性						
③社会的人間関係						
④役割と規範						
⑤社会的評価						
⑥自己実現・自己啓発						
⑦変化・発展性						

第5章　キャリアデザインのための自己理解（1）

②年齢によって変化する理由を考えてみましょう

年齢やライフステージによってなぜ職業に求めるものが違うのかを考えてみましょう。どんなことが変化する大きな要因になるのか、職業に求めるものが変化していくライフステージ上の要因を具体的に書き出してみましょう。

(3) 社会的活動の担い手別による意味の違い

現在の社会的活動が、どういう年齢層や階層によって担われているのかを考えます。また、「職場での仕事」と「ほかの領域での活動」の違いを知り、「職業を持つこと」の意味を考えます。さらに、「報酬のある仕事」と「報酬のない仕事」の違いは何を意味しているのかも考えます。

①社会活動領域別の担い手の特徴

職業・家事・育児・趣味・学習・ボランティア・地域活動など、それぞれの社会活動を主に担っている人の特性（性別・年齢層）と報酬の有無を考えてみましょう。

それぞれの活動領域で○をつけてください。

項目	報酬の有無	性別	主な担い手
職業	有・無	女・男	幼児・児童・青少年・成人・中年・高齢者
家事	有・無	女・男	幼児・児童・青少年・成人・中年・高齢者
育児	有・無	女・男	幼児・児童・青少年・成人・中年・高齢者
趣味	有・無	女・男	幼児・児童・青少年・成人・中年・高齢者
学習	有・無	女・男	幼児・児童・青少年・成人・中年・高齢者
ボランティア	有・無	女・男	幼児・児童・青少年・成人・中年・高齢者
地域活動(PTA/子供会)	有・無	女・男	幼児・児童・青少年・成人・中年・高齢者
地域活動(地区/町内会)	有・無	女・男	幼児・児童・青少年・成人・中年・高齢者

②社会活動領域による担い手の特徴とその要因について考えよう

なぜ、それぞれの社会活動領域によって主な担い手の特徴が異なるのかを考えてみましょう。「年齢」や「性別」という担い手の特性と「報酬の有無」とは関係があるのでしょうか。また、自分がその領域の主な担い手である場合、どのような活動の条件を必要とするのでしょうか。例えばボランティア活動や地域活動をする場合は、安定した収入と時間にゆとりある生活が必要です。学習活動では若い人が将来のことを考慮して行うか、職業で必要としているか、強い自己啓発欲求があるか、などの条件が必要となるでしょう。職業とほかの領域の社会活動との関係についても考えてみましょう。

(4) 就業形態別による職業の持つ意味

　職業の意味は取り扱う品物や業務内容だけでなく、就業形態がどのようなものであるのかによって、大きく変わってきます。職業選択の際にも就業形態は大きな要素の一つになっています。就業形態によって、報酬ばかりでなく、組織での役割や人間関係、社会的評価も大きく変わってくるからです。ここでは、正社員、パート、派遣社員、アルバイトなど、就業形態の違いによって、職業の持つ意味がどう異なっているのかを考え、自分はどのような就業形態を望んでいるのか、またその理由を探ります。

①就業形態によって異なる意味

　正社員、パート、派遣社員、アルバイトなどの就業形態の違いで、当てはまるものには○、一部当てはまるものには△、当てはまらないものには×をつけてください。

	経済的報酬	安定性継続性	社会的人間関係	役割規範	社会的評価	自己実現自己啓発	変化発展性
正社員(総合職)							
正社員(一般職)							
正社員(専門職)							
パート							
派遣社員							
アルバイト							

②なぜその就業形態を選択するのか

　就業形態別の意味の違いを考えたとき、自分がなぜ、そのなかの一つの就業形態を選択するのか、選択せざるを得ないのかを知る手がかりが得られます。例えば女性の正社員（総合職）は、求められる要求水準が高いにもかかわらず仕事環境が整っていないため、早期離職の率が最も高く、安定性・継続性、変化・発展性などは結果的には低い場合が多くあります。またアルバイトは一般には立場が不安定で、単純作業を任される場合が多く自己成長が望めないものですが、職場によっては役割行動がしっかりとしているために、変化のある仕事を担当し、自己成長できる場合もあります。職場の状況、個々人の生き方や価値観・見方によって全く異なる結果が生まれます。それぞれの考え方、見方を話し合ってみましょう。

第5章　キャリアデザインのための自己理解(1)

振り返りシート

学籍番号　　　　　　　　氏名

1.「家庭、地域社会、学校などでの社会活動」と「職業」の違いを3つ挙げましょう。

(1)

(2)

(3)

2.「職業」を持つことのポジティブな点はなんですか。3つ挙げましょう。

(1)

(2)

(3)

3.「職業」を持つことのネガティブな点はなんですか。2つ挙げましょう。

(1)

(2)

4.「家庭、地域社会、学校などでの活動(仕事)」や「職業」について考えたことを自由に書きましょう。

第6章 キャリアデザインのための自己理解(2)

相互インタビュー
による自己分析

　第6章では相互インタビューという方法で、キャリアデザインに必要な自己理解を深めます。
　自分のことは自分が一番知っていると思いがちですが、意外にも他者の方があなたのことを理解していることがよくあります。
　ここでは相互インタビューを行い、自分史を作成します。自分史の作成を通じて、自分を客観化し、自己理解を深めるのです。自分一人で自己分析を行うよりも、楽しみつつ、より客観的に自分を見つめることができます。この作業を手がかりに、自分の長所や短所、生活や行動のスタイル、価値観、理想とする人間像、生き方、働き方、適性などを把握します。

第6章　キャリアデザインのための自己理解(2)

テーマ：相互インタビューによる自己分析

目的：相互インタビューや自分史の作成によって自分を客観化し、
　　　自己理解を深めます。
1. 相互インタビューを基に自分史を作成します。
2. 自己分析シートを作成し、自分の価値観や人生観を理解します。

講義の目的・目標の把握

1. **導入**

    挨拶、今日の授業目標と概要を説明します。

2. **チェックシートの記入と相互インタビュー**

    (1) 自分史チェックシートの記入

    　　幼・小・中・高校時代を振り返って、自分史チェックシートに記入します。

    (2) 相互インタビューの実施

    　　2人1組でお互いに、動機や内容を深め、相手の生活や行動の様子が浮かび上がるようにインタビューします。

    (3) インタビューシートの記入と交換

    　　インタビューしたポイントと感想を記入、シートを交換します。時間があればインタビュー内容について感想を話し合います。

3. **自己分析シートの作成と振り返り**

    (1) 自己分析シートの記入

    　　自分史チェックシート、インタビューシートを参考に自己分析シートを作成します。自己分析シートを参考に自分の過去・現在を振り返り、自分自身を客観視します。

    (2) 振り返り

    　　自分の得意不得意の分野を知ります。自分の過去や現在を通して、長所や短所、生活や行動のパターンや好み、理想とする人間関係や人間像などを客観的にとらえ、自分が望む生き方、働き方、適性、価値観などを考えます。

4. **まとめ**

1　自分史チェックシートの作成

　自己理解を深めるために、まず、自分史チェックシートを作成してみましょう。その作業を通して、自分の過去を振り返り、自分が歩んできたプロセスを客観的に把握します。

(1) 自分史チェックシートを記入します

　今までの自分を振り返って、自分を再確認します。自分のことは自分が一番知っていると思いがちですが、よく知っている部分と、むしろ当人だからこそよく分かっていない部分があるのではないでしょうか。特に、他者と比較しての客観的な自分の特性についてはよく見えていないことが多いようです。さらに、自分の行動のパターンや習慣を支えている「信条」や「価値観」、自分の志向性や適性などについてもほとんど意識化されていない場合が多いものです。ここでは、自分史チェックシートを使って自分史を振り返るなかで、自己分析につながる材料を掘り起こします。

(2) 自分史は客観的で具体的な事実を書き出します

　まず、これまでの学校生活、家庭生活、地域での関わりを通して、学校の教科、取得した資格、サークルや部活動、社会活動やアルバイト、家庭での役割や行動などを具体的に書き出します。どの項目も主観的な表現ではなく、客観的な事実を書き出して具体的に記入することが大切です。さらにその内容や理由も書き添えます。具体的な記述によって、全体として自分の生活スタイルや行動のパターン、理想とする人間像や生き方、信条や価値観を客観的に考える材料になります。

(3) 自分が振り返る自分史のイメージをつかみます

　具体的、かつ客観的な自分の生活スタイルや行動のパターン、理想とする人間像や生き方の記述を通して、最終的には次の4つの大まかなイメージをつかむことが重要です。

①**自分の特徴**（長所・短所――自分はどのような人間か）
②**自分の信条**（考え方・価値観――自分はどのような考え方を持っているか）
③**自分の適性**（志向性――自分が特に力や情熱を注いでいることは何か）
④**自分の職業観**（職業イメージ・将来展望――自分はどのような職業に就きたいか）

　相互インタビューの過程で感じたこと、聞き手の言葉や感想から気づいたこと、自分について新たに発見したことなどに留意して、自分史を作っていきます。

第6章　キャリアデザインのための自己理解(2)

自分史チェックシート ［自己チェック用］

学籍番号　　　　　　　　氏名

〈小学生時代〉〈中学生時代〉〈高校生時代〉〈大学生（短大・専門学校）時代〉を振り返り、インタビューを受ける前に自分で記入しましょう。

①好きな科目・特に熱心に取り組んだ科目とその理由（なぜ好きだったか）

②部活・サークル活動など（何を、何年、ポジション、苦しかったこと、楽しかったこと、心に残ったこと…）

③資格取得・特技・研修・学習など（どんな資格・学習、なぜ取ろうとしたのか、取得のためにどう工夫したか…）

④趣味・スポーツ・遊び・嗜好など（何を、いつ、どこで、理由は、頻度は、仲間は…）

⑤ボランティア・地域活動など（何を、いつ、どこで、理由は、頻度は、仲間は…）

⑥尊敬する人・こうなりたいと思った人（誰を、なぜ…）

⑦感動したこと、楽しかったこと、興味を持ったこと、ショックだったこと、忘れられないこと（何を、どうして…）

⑧その他（何でも）

2 相互インタビューをする

次にインタビューシートを使って相互インタビューをします。

(1)相手の話を聞きながら、相互の歴史を振り返ります

相手のこれまでの歴史を振り返り、インタビューシートの質問に従ってインタビューをします。要領は自分史チェックと同じです。できるだけ具体的に、客観的な事実を聞いて、内容を深めていきましょう。サークルや部活動などは活動期間や役割、ポジションなども聞いてください。話を聞いていて疑問に思ったことは質問してください。「自分とはずいぶん違うな」「自分だったらこんなふうにはできない」「すごい！」「これは続けてほしい」などと思うことは言葉にして相手に伝え、感想も書き添えてください。その際には、相手の良いところを少なくとも5つは挙げてみましょう。

(2)インタビューの基本

①目的を持って相手の話を聞く

私たちが他者とコミュニケーションをとるとき、その伝達手段のなかでは、「読む・書く」という文書表現よりも「話す・聞く」という口頭表現の機会のほうが多く、口頭表現では「聞く」機会のほうが「話す」機会より多いと言われています。これは「話す」機会が少なく、訓練を受けてない人は、「話す」ことが苦手だと感じる人が多いということにもなります。インタビューでは、話し手の苦手意識を感じさせることなく、相手の気持ちに沿って、目的を持って話を聞き出す能力と技術が求められます。

②インタビューの目的とポイント

相互にインタビューを行う際、あらかじめ決めた質問項目に従って進めていきますが、話が目的からそれないように、しかも相手が話しやすいようにインタビューすることが大切です。また、相手の話を聞きながら質問相互の関連性や全体のインタビューの構造をつかむことも重要です。話し手は自分の話とほかの質問項目との関連を意識していることはあまりありません。聞き手はインタビューした内容を、テーマや目的に沿って、組み替えていきながら話を進めていきます。

③聞き上手になる姿勢

相手がリラックスして自分のことを話しやすくするには、①話し手に好意を持つ、②心を開いて相手に向かう、③相手の話を共に楽しむなど、目の前の相手に好意と関心を持つという心構えが大切です。話し手がほとんど知らない人の場合は、特にこの心構えが重要です。また、反対によく知っている仲の良い友人にインタビューする場

合は、相手の新たな部分を発見するつもりでインタビューに取り組みましょう。

④インタビューの進め方
相手が心を開いて話をしやすくするには、次のような点に気を付けてみましょう。

1）笑顔で、相手を見ながら聞く
笑顔で相手の目のあたりを見ながら話を聞きましょう。笑顔は聞き手が話し手に好意を持っている印象を与え、安心感を持たせます。また、受け入れられている、積極的に話を聞いてもらえているという、受容の気持ちを与えます。

2）「あいづち」をうちながら聞く
あいづちは傾聴の基本です。同意のあいづちは「なるほど」「そうですね」「ほんとうに」などです。共感のあいづちは「面白いですね」「大変でしたね」「同感です」などで、催促のあいづちは「それでどうしました」「そのほかには」などが使えます。相手におざなりに聞いているという印象を与えないように工夫をしましょう。

3）話は最後まで聞く
相手の話は最後まで聞きます。話の途中で遮ったり、横取りしたりしないように聞きましょう。話が大幅にそれていくのは避けなければなりませんが、多少横道にずれる程度ならば気にせず、自由に話せる雰囲気を壊さないようにします。話がテーマとずれたときは、話が一段落ついたときに「先ほどのお話との関連ですが…」などと切り出し、相手の意図や質問との関連を考えながら、話を戻していきます。

4）話を整理して聞く
相手の話のポイントや相手が伝えたいと思っていることを整理しながら、繰り返して話を進めます。「〜ということですか」「つまり〜ですね」「要するに〜」などの表現が使えます。これを組み替えといいます。質問相互の関連を考えながら、話し手が何を言いたいのかを考え、話の順番を変えて、分かりやすく整理するのです。

5）質問によって、相手の話の内容を深める
初めに決めていた質問のほかに、さらに話を発展させる質問をして、相手の話の内容を広げたり、深めたりすることができます。例えば「映画を見ることが好きだった」という答えなら、「どんな映画が好きですか」「なぜ映画を好きになったのですか」などと話を深めて、行動の動機や価値観などをくみ取ります。

6）話し手の気持ちを、聞き手がくみ取って明確にする
話し手が気付いていない気持ちや他者と違った能力など、聞き手がくみ取って明確にします。話を聞いて、共通する特徴や適性、行動の背景にある性格や感情などをくみ取り、「仲間を大切にする方ですね」「何事にも忍耐強く取り組むタイプですね」などと、言葉で表します。話し手自身に、話し手の持っている特性を気付かせるのです。

第6章　キャリアデザインのための自己理解(2)

インタビューシート　[インタビュー用　相手・自分]

学籍番号　　　　　　氏名

〈小学生時代〉〈中学生時代〉〈高校生時代〉〈大学生（短大・専門学校）時代〉について、相手の話をよく聞き、その人の特徴をイメージしましょう。

①好きな科目・特に熱心に取り組んだ科目とその理由（なぜ好きだったか）

②部活・サークル活動など（何を、何年、苦しかったこと、楽しかったこと、心に残ったこと…）

③資格取得・特技・研修・学習など（何を、なぜ、取得のためにどう工夫したか…）

④趣味・スポーツ・遊び・嗜好など（何を、いつ、どこで、理由は、頻度は、仲間は…）

⑤ボランティア・地域活動など（何を、いつ、どこで、理由は、頻度は、仲間は…）

⑥尊敬する人・こうなりたいと思った人（誰を、どうして…）

⑦感動したこと、楽しかったこと、興味を持ったこと、ショックだったこと、忘れられないこと（何を、どうして…）

⑧インタビューした相手に対する評価（特にプラス面）を5つ

3 自己分析シートを作成する

(1) 相互インタビューシートから自己分析をする

　自分史チェックシートと聞き手が書いてくれたインタビューシートを組み合わせて、以下の事例のように自己分析をします。

事例1　尊敬する人 ── 高校時代の野球部の監督

個性の強い40人もの部員をまとめ、
部員の力を引き出すために、
一人ひとりに具体的な目標を与え、
叱ったり、励ましたりして、
粘り強い指導をしてくれた。

自分の職業観
仕事に就いたらチームワークを大切にして、
具体的な目標を掲げ、
1つずつ乗り越えていくような
働き方がしたい。

事例2　特技 ── 書道3段

小学2年生から中学3年まで8年間習った。
小学6年の時に1級、中学1年の時に3段を取得。
○○書道展で△△賞を受賞。
書道は、毎日継続して書き続けることと、
書く時は精神的に集中できることが
大切であると思う。

自分の信条
何事も毎日の積み重ねが大切。
結果を出すには精神的な強さが重要。
自分の特徴
毎日の課題に忍耐強く取り組むことができる。
集中力がある。

事例3　クラブ・サークルの活動 ── バレーボール部（中学・高校）

小学校5、6年ではスポーツ少年の活動で
バスケットをしていた。
中学・高校時代の6年間はバレーボール部に所属。
ポジションはセッター。3年生の時に副主将。
セッターとして、チーム全体を把握し、
個々の選手の特徴を生かして、
チームを動かしていくことの
大変さと面白さを知った。
スポーツを通して得たことは大きい。

自分の適性
常に全体の動きを見ることができる。
判断力・決断力がある。
チームリーダーとしての適性がある。
自分の信条
誰でも長所と短所があるが、
それぞれの長所を生かすことが重要。

(2) 自己分析シートを作成して、自分を客観的に分析できる材料をつくる

　次の点に留意して、さらに自己分析を深めてみましょう。それは自分史チェックシートのところで示した、①自分の特徴、②自分の信条、③自分の適性、④自分の職業観の4つの視点です。

第6章　キャリアデザインのための自己理解(2)

自己分析シート

学籍番号　　　　　　　氏名

以下の項目を参考に自己分析をしてみましょう。
- ①好きな科目・特に熱心に取り組んだ科目
- ②部活・サークル活動
- ③資格取得・特技・研修・学習・修行
- ④趣味・スポーツ・遊び・嗜好など
- ⑤ボランティア・地域活動など
- ⑥尊敬する人・こうなりたいと思った人
- ⑦感動したこと、楽しかったこと、興味を持ったこと、ショックだったこと、記憶に残っていること

1. 私の特徴（長所・短所・自己PR）①②③④⑤

2. 私が大切にしていること（考え方・価値観）①②③④⑤⑥⑦

3. 学生生活で特に力を注いだこと（適性・志向性）①②③④⑤

4. どのような職業に就き、どのように働きたいか（職業イメージ）①②③④⑤⑥⑦

第6章　キャリアデザインのための自己理解(2)

振り返りシート

学籍番号　　　　　　　氏名

1. 小中高生時代や大学に入学してからの自分を振り返って、特に自分について気付いたことは何ですか。

    (1)

    (2)

    (3)

    (4)

2. 相互インタビュー中、特に気付いたことは何ですか。

3. 相互インタビューをした結果、特に自分についてのインタビュー内容を通して、気付いたこと、驚いたこと、なるほどと思ったことは何ですか。

4. 第6章を学んで、気が付いたこと、特に考えたことは何ですか。

第7章 キャリアデザインと仕事理解(1)

学生生活で得るキャリア意識の明確化

　第7章では、学生時代の経験がキャリアにどう影響するのかを理解し、キャリアに対する意識を明確にします。
　充実した学生生活を送ることは、その後のキャリアに大きな影響を与えます。他者とのつながりに積極的な姿勢で臨み、社会とのかかわりを深めていくことで、キャリア意識が高まっていくのです。
　学生に対する社会の評価は、経験や知識よりも熱意や意欲、コミュニケーション力が高い傾向にあります。自分が何を求められているのか正確に把握し、有用な能力は何かを考えましょう。
　日本の雇用制度、例えば終身雇用制などについて理解した上で、社会に出てからのキャリアデザインを描いてみることが大切です。

第7章　キャリアデザインと仕事理解(1)

テーマ：学生生活で得るキャリア意識の明確化

目的：学生時のキャリア意識を明確にします。
1. 現在、専攻する学問とキャリア意識のつながりを考えます。
2. 企業からみた学生に求める資質を学びます。
3. 日本の雇用管理制度をふまえ、今後の自分の仕事を考えます。
4. 雇用の非正規化がキャリア形成に与える影響を考えます。

講義の目的・目標の把握

1. 導入

挨拶、今日の授業目標と概要を説明します。

2. 小講義

以下の論点についてデータを参考に考察を深めていきます。

　①学生生活とキャリアデザイン

　②活動する学生はキャリア意識が高い

　③学生の評価基準…経験なのか資質なのか

　④企業が採用に当たって求めるもの

　⑤早期離職とフリーター問題

3. グループワーク

小講義を受けて、次のようなテーマでグループワークを行ってください。

　①専攻する学問とキャリア意識のつながり

　②雇用環境の変化のなかで、どのようにキャリア形成をしていくか

4. まとめ

講義全体を振り返り、キャリア意識の明確化を図ります。

1　学生生活とキャリアデザイン

　学生の皆さんにとって、大学生活をどのように歩んできたのかが、その後のキャリア形成に影響力を持ちます。皆さんはこれまでにどのような生活を歩みましたか。充実した学生生活を送るために心がけていることはありますか。

　社会人には社会人としてのキャリアがあるように、大学生にも大学生としてのキャリアがあります。独立行政法人労働政策研究・研修機構「大学生と就職―職業への移行支援と人材育成の視点からの検討―」（2007年）の分析結果では、人文・社会科学系の大学生の場合、就職内定が良好な学生の特徴として、大学の成績が良いことやアルバイト、インターンシップに熱心なことが挙げられています。同様に、内定獲得者は友達や恋人との付き合い、クラブやサークル活動に積極的なことが明らかになっています。

　学生生活を有意義に過ごし、多様な活動を経験してきた学生が、キャリアの第一歩を確実に歩み始めるのです。これは後述する企業の採用要件として重視されている「人柄や個性」とも関連があると考えられます。

　群馬県の「学生意識調査」（2004年）でもこのことが明らかになっています。「将来やってみたい仕事や社会活動などが在学中に見つかるよう、積極的に行動している」という設問に関し、積極的に行動している学生と行動していない学生の結果を比較したところ、活動群と非活動群の大きな格差が見られる項目が多くありました。活動群の学生は、非活動群の学生に比べてキャリア意識が高いのです。

　例えば、両群のポイント格差として最も大きかったのは「将来について、明確な目標とその実現に強い意志を持っている」が36.0ポイントの差、次いで「卒業して実社会に出て仕事をすることが楽しみである」が27.9ポイントの差、「卒業後就職したい業界などが決まっている」が25.0ポイントの差でした。いずれも活動群の方が非活動群よりも前向きな答えを持っています。在学中の活動量の多さが活力を生み出し、卒業後のキャリア意識や進路の明確化に影響を与えていると考えられます。

2　学生自身の評価　経験なのか資質なのか

　大学生活の豊かな活動経験がキャリア意識の高さに結びついていると述べましたが、別の調査では少し異なる結果が出ています。独立行政法人労働政策研究・研修機構「大学生のキャリア展望と就職活動に関する実態調査」（2005年）では、就職で企業から評価されていると考える点を学生に尋ねています。最も評価されたと学生が感じて

いるのは「自己アピール力」、次に「人柄や個性」となっており、「大学および大学外での学習活動」よりも個人の資質が評価されていると感じていることが分かっています。しかし、この結果から、就職には本来的な資質のほうが重要で、学生生活の中身は無関係だとは言い切れません。この後に、「課外活動」が第3位に入っていることや、自己アピールのためには話すべき豊かな経験が必要だからです。資質か経験かという二者択一よりも、資質も経験もキャリア形成の第一歩には大切なのだと考えたほうがよいと思われます。

　企業側から見た、採用選考での重視項目を調査したのが独立行政法人労働政策研究・研修機構「企業における若年層の募集・採用等に関する実態調査」（2008年）です。同調査では新規学卒者、第二新卒者、中途採用者の3類型別に採用選考での重視項目を複数回答で挙げています。新規学卒者に求める項目で最も多いのが「熱意・意欲」の73.7％、次に「コミュニケーション力」の56.6％、「協調性」の41.5％であり、新規学卒者にはグループで取り組む力や今後の可能性を求めていることが分かります。

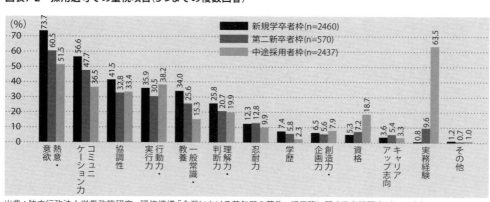

図表7-1　大学生の就職で評価されている点

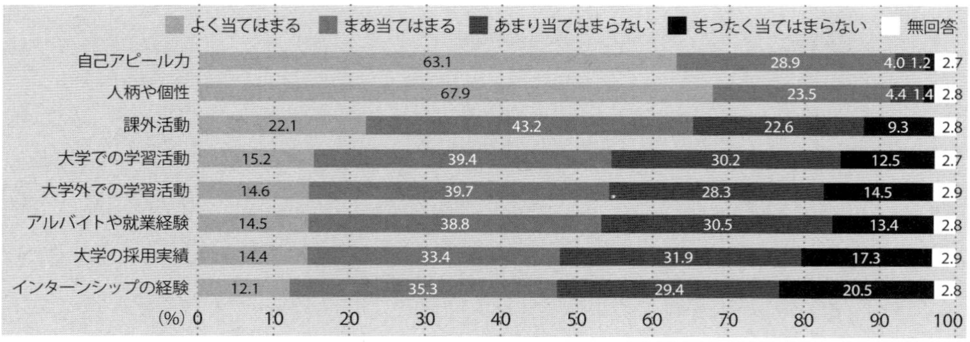

出典：独立行政法人労働政策研究・研修機構「大学生のキャリア展望と就職活動に関する実態調査」(2005年)

図表7-2　採用選考での重視項目（3つまでの複数回答）

出典：独立行政法人労働政策研究・研修機構「企業における若年層の募集・採用等に関する実態調査」(2008年)

3　早期離職とフリーター問題

　学校を卒業後、仕事についた若者の早期離職も課題となっています。厚生労働省の2018年報告によれば、2015年の新規学卒就職者の離職状況は学歴別にみても異なることが分かっています。大卒者の就職後3年以内の離職率は31.8％で、前年より0.4ポイント減少しました。さらに、15～34歳で家事も通学もしていない者の数は、2002年に大きく増加した後、おおむね横ばいで推移しています。2014年は56万人で、前年より4万人減少しました。

図表7-3　新規学卒者の離職状況（2015年）

出典：厚生労働省職業安定業務統計

図表7-4　就業形態別雇用者割合の変化（男女計）

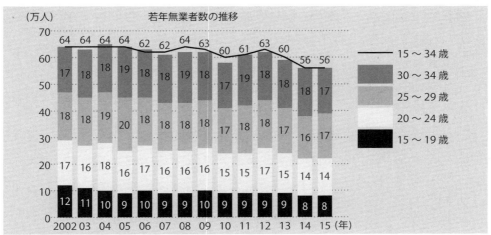

出典：総務省統計局「労働力調査詳細集計　時系列データ」から作成
注）「役員を除く雇用者」に占める各就業形態別雇用者の割合

フリーターの現状は、夢を実現しているとはいえません。図表7-5のとおり、フリーター期間が半年以内の場合、男性では約7割、女性では約6割が正社員になっています。しかし、フリーター期間が3年を越えると、フリーターから正社員になれた率は、男性で約6割、女性で約4割です。今なお、フリーター期間が長いと正社員になることが難しくなると考えられます。

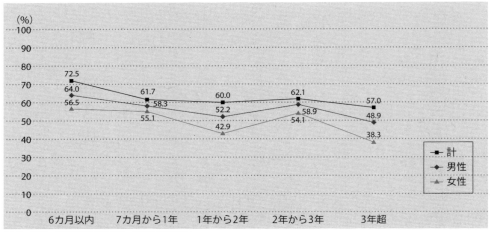

図表7-5　フリーターから正社員への転職状況

※20〜29歳、正規課程の学生年、専業主婦を除く
出典：独立行政法人労働政策研究・研修機構「大都市の若者の就業行動と意識の展開─「第3回若者のワークスタイル調査」から─」2011年

　厚生労働省「若者雇用関連データ」では、そのほかにも、「ニート状態の若者の推移」「フリーターと正社員の生涯賃金格差」「完全失業率の推移」などが示されており、若者雇用に関する今日的な問題が明確に示されています。

4　キャリアデザインと仕事理解

　私たちは、このような現状をよく理解した上で、キャリアデザインを考えることが大切なのです。仕事に関する理解、雇用をめぐる理解を深めつつ、自分の置かれている日常のなかで、精一杯活動を展開すること、それがより良き経験になり、より良きキャリアとなっていくのです。活動することなしに自分の知見は広がりません。コミュニケーション能力も育ちません。常に知的好奇心を持ち、前向きに歩んで行ってこそのキャリア形成なのです。

第7章　キャリアデザインと仕事理解(1)

ワークシート

1. あなたが考える大学での学びとキャリア意識について、自分の当てはまる欄に○をつけ考えてみましょう。

	非常に当てはまる	少し当てはまる	あまり当てはまらない	全く当てはまらない
大学入学の際、自分の将来や職業や生き方との関連を意識した				
将来の職業や生き方について、真剣に考えている				
将来の職業や生き方を考えるとき、まず良い会社に就職することを優先したい				
就職や将来に直接役に立つと思えない勉強や活動でも、内容によっては興味を持って取り組むことができる				
将来やってみたい仕事や社会活動などが在学中に見つかるように積極的に行動している				
目標とする生き方・働き方のモデルになる人物がいる				
自分の適性や長所・短所を知るため、人間的成長のためにボランティアや学生自治会など、さまざまな活動に参加したい				
将来の夢や職業などについて、家族とよく話をしている				
将来の夢や職業などについて、友人とよく話をしている				
家族や友人と話す内容は、将来の夢や職業などよりも、具体的な求人情報や就職試験に関することが多い				
就職したい業界は決まっている				
就職したい具体的な企業が決まっている				
就きたい職種が決まっている				
学校を卒業して実社会に出て仕事をすることが楽しみである				
自分のキャリアを考えるため、経済社会の現状や課題、雇用情勢などについてもっと学びたい				

chapter 7

	非常に当てはまる	少し当てはまる	あまり当てはまらない	全く当てはまらない
自分のキャリアを考えるため、働く人のための法律や社会保険、税金など具体的な知識をもっと学びたい				
就職活動の情報収集に必要なインターネットの利用方法をもっと丁寧に教わりたい				
就職活動の仕方やエントリーシートの書き方、就職試験の対策など、もっと丁寧に教わりたい				
将来、結婚・出産・育児などのために職業生活が不利にならないような会社・職種を選択する				

2. 働く人のキャリアパスは多様化し、1つの会社に定年まで勤める終身雇用のほか、転職を含めたキャリア形成も考えられます。あなたは、就職後どのようなキャリアパスを考えていますか。2つのパターンを考えてみましょう。
   (1) 終身雇用型…1つの企業で定年（60歳）までのキャリアパス
   (2) 転職型…複数の企業で定年までのキャリアパス

	身に付けるべき能力	キャリアパス
例	英語力 コミュニケーション能力 経営学の知識	メーカーに就職し、海外部門に配属。大学で学んだ英語を生かす。 →米国に駐在 →コンサルティング会社に転職
(1) 終身雇用型		
(2) 転職型		

3. 大学卒業後、初めて就いた仕事（初職）を3年以内に辞める若者は約3割に上っています。なぜせっかく就職した会社を辞めるという決断をする若者が多いのか、またそれは個人、企業にとってどんなメリットとリスクがあるのか考えてみましょう。

	社会的要因（企業・社会）	個人的要因（個人の意識）
メリット		
リスク		

第7章　キャリアデザインと仕事理解(1)

振り返りシート

学籍番号　　　　　　　　氏名

1. 就職内定状況と学生生活と関係が深いものにはどのような要因がありましたか。

2. 学生が感じた企業から評価される項目にはどのようなものがありましたか。

3. 企業からみた学生に求める項目にはどのようなものがありましたか。

4. 大学を卒業した新卒者の初職の離職率は、入社3年以内でどのくらいでしたか。

5. 雇用の非正規化が、若者のキャリア形成にどのような影響を与えていると思いますか。

6. その他(考えたことを自由に書いてください)。

第8章 キャリアデザインと仕事理解(2)

経済・雇用環境に応じた働き方の理解

　第8章では、少子高齢社会における就労環境とそこでの雇用形態がもたらす私たちの働き方について考えていきます。

　少子高齢化が進む現代社会では、人口減少、特に若年労働力の減少などの問題により、社会・経済構造そのものの転換が迫られています。少子化、高齢化は、先進国に共通の課題といえましょう。そうしたなか、20世紀の最後の10年を通じて、大きな転換が訪れました。企業のグローバル化と雇用の流動化です。21世紀に生きる皆さんが働く環境は、多様な組織、多様な労働者、多様なワークスタイルと人事政策の下にあります。日本の被雇用者の40％弱が非正規雇用者となり、労働人口の減少で外国人労働者との協働が必須となるなかで、自分自身の働き方（就労・雇用形態）を慎重に選択し、開拓していくことが必要になっています。

第8章　キャリアデザインと仕事理解(2)

テーマ：経済・雇用環境に応じた働き方の理解

目的：キャリア形成の外的環境(社会、就労環境)を理解し、分析します。
1. 少子高齢社会の到来とキャリア形成への影響について考えます。
2. 多様な働き方とその帰結(正規・非正規社員の処遇、賃金、教育、転職可能性)について考察します。

講義の目的・目標の把握

1. **導入**
   挨拶、今日の授業目標と概要を説明します。

2. **キャリア形成の外的環境の重要性**
   キャリア形成＝「自分らしさ」の形成の定義と外的環境の重要性を確認します。

3. **少子高齢社会の到来**
   少子高齢化による社会・経済の構造転換について考えます。

4. **社会・経済の構造転換がもたらす働き方の変化**
   少子高齢社会におけるキャリア形成の課題・注意点について学びます。
   「なりたい自分」「自分らしい自分」になるためには何に注意が必要か、考えてみましょう。

5. **振り返りシートに記入**
   講義で学んだことを、振り返りシートに記入します。

6. **意見交換**
   シートの内容を中心にグループでディスカッションします。

7. **まとめ**

1 キャリア形成に影響を与える外的環境の現在

　キャリアは、「外的環境（社会、経済、組織）」と「内的環境（自己意識、関心、価値、スキル）」の相互作用を通じて形成される「自分らしさ」とも定義されます。私たちを取り巻く「外的環境」は、私たち自身の「内的環境」、つまり自己意識・自我の形成に大きな影響を与え、条件づける要因となります。外的環境は時代ごとに変化し、その意味で私たちは歴史や時代に影響を受ける存在です。一つの時代に生きた人々に共通する特性は、ライフサイクル論や世代論として社会学の研究対象とされてきました。

　自分自身の置かれる外的環境を分析、理解した上で、戦略的に対処することは、キャリア形成にあたって重要な視点です。企業では、政治、経済、社会、技術の4つの変化を、歴史的・世界的なトレンドとして把握したうえで、目的を達成するための戦略と計画を立案します。では、私たちが、社会に出て「自分らしさ」を形成していく現在の世界はどのような時代なのでしょうか。

　「人口減少社会」ということが言われ出したのは、2005年の国勢調査からです。日本の総人口はこの年、初めて前年を下回り、減少に転じています。その後、総人口は横ばいを続け、2011年に再び減少を始めています。経済活動も、これまでの大量生産・大量消費から多品種少量生産・多様な消費形態へと転換し、社会構造、企業組織、私たちの働き方やライフスタイルも、大きく転換しつつあります。また、経済のグローバル化とIT（情報技術）の発達は、働く人々の働き方に影響を与えています。グローバルな経済活動の展開は、ヒト、モノ、カネ、情報といった経営資源の瞬時の世界規模での移動を可能にし、企業に激しい国際競争を迫ると共に、働く人々にも働き方とキャリア形成意識の変更を迫っています。

　これまで、皆さんはキャリアデザインのあり方について、多様な視点から学んできました。第8章では改めて、21世紀の現在、私たちのキャリア形成に影響を与える要因のうち、「少子高齢社会の到来」と、私たちの働き方を条件付ける「雇用・就労形態の変化」を取り上げます。企業・社会の抱えるマクロ・ミクロの課題とその対処状況を、キャリアの外的環境の分析としてとらえ、キャリア形成において私たちの置かれる環境を考えましょう。自律的ワークスタイルや自律的キャリア形成が求められる現代にあって、自分自身が置かれた環境を認識し、自ら課題を発見し、取り組むこと、つまり主体的・積極的に環境に働きかけていくことは、「自分らしさ」の形成＝キャリア開発にとって重要な能力であり、コンピテンシー（行動特性）であるといえます。

2 少子高齢社会の到来

(1) 人口減少社会への転換と世界的な構造変動

今日、総人口の減少と少子高齢化は先進国に共通の課題であり、社会・経済構造を大きく変えるものと考えられます。

2005年は「人口減少元年」といわれ、この年の1億2774万人をピークに、日本は人口減少社会へと転換すると推計されていました。しかし、2015年の国勢調査に基づく「人口推計（2017年10月）」の結果、総人口は2007年〜2010年にはほぼ横ばいを続け、2011年に再び減少に転じたことが確認されています。この年、明治以来、人口を増やし続けた日本が、初めて人口減少社会に突入したのです。

日本の社会・経済構造は、戦後の高度経済成長を通じて総人口、特に若年労働者の増加と成長に従って形成されてきました。経済の成長とそれに応じた雇用・就労制度、生活スタイルは、短期の経済変動の影響を受けてたびたび構造調整を迫られました。同時に、長期的に見て若年労働力の大量供給とその年齢に応じた成長によっても形成されてきました。総人口、特に労働力人口は、一国の生産力と消費力を支え、その経済規模を条件付ける重要な要因です。

しかし、かつて国内総生産（GDP）世界第2位であった日本は、2010年には、急成長をとげた中国にその座を譲りました。2050年までの将来を見ると、世界経済の比重は、中国、インド、ASEAN諸国などの新興国に移り、日本経済の世界GDPシェアも5％未満となって、さらに減少が予測されます。急成長する新興諸国は、人口構成比も若く、魅力的な成長市場であるとともに、強力なライバルともなります。少子高齢化する日本は、世界の中で成長市場を取り込み、国内外において新興国の人々と協力していくことが必要となっています。

(2) 出生率の低下と高齢化率の上昇

総人口の減少は、出生率の低下と高齢化率（総人口に占める65歳以上の割合）の上昇によってもたらされています。つまり、高齢化にともなう死亡者数が、出生数を上回ることで、人口が減少する不可避的な過程です。女性が生涯で産む子どもの数の平均である合計特殊出生率[※1]が2を下回ると同一人口規模を維持できないといわれています。日本の出生率は1960年以降、1966年の丙午の年の1.58を除き、おおむ

※1 女性の年齢別出生率を15〜49歳にわたって合計した数値。女性がその年齢別出生率にしたがって子どもを生んだ場合、生涯に生む平均の子どもの数。

ね2以上で推移していましたが、若年層の晩婚化や未婚化により2005年には過去最低の1.26にまで低下しました。その後、1.4前後で推移してきたものの、女性の人口減少で出生数の減少は避けられません。

一方、高齢化は日本の特殊な人口構造にも由来して急速に進んでいます。日本の人口には、団塊の世代、団塊ジュニア世代の2つの人口ピークがあります。団塊の世代は、1948年前後の第1次ベビーブームで誕生した世代であり、団塊ジュニア世代は、1973年前後の第2次ベビーブームで生まれた団塊世代の子どもたちです。日本の人口構造は、この2つの世代の存在によって特徴付けられ、「鉄アレー型」構造といわれています。こうした人口構造は、団塊の世代の大量定年や、その後の高齢化率の急上昇といった、日本特有の社会・経済変化をもたらします。2006年に成立した改正・高齢者雇用安定法により、企業の定年が65歳まで延長されましたが、「2012年問題」といわれる確実な大量定年期を経て、日本は2030年まで急速に高齢化が進展します。その後、団塊の世代の死亡期には急激な人口減少が起こると予測されています。

(3) 生産年齢人口の急速な減少

一方、生産年齢人口（15歳以上65歳未満人口）の急速な減少も問題となっています。2010年から2060年までの間の総人口の減少は32.3％であるのに対して、生産年齢人口は45.9％減、高齢者人口は17.5％増と推計されています。高齢化率は1970年には7％でしたが、2017年に27.7％、2035年には32.8％、2065年には38.4％と上昇し、2065年には2.6人に1人が65歳以上となります[※2]。実際に働く労働力人口[※3]が2／3に減少し、生産力の低下、国の経済規模の縮小が予測されます。

図表8-1　日本の人口ピラミッド

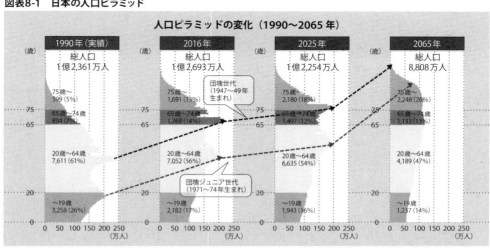

出典：総務省「国勢調査」及び「人口推計」、国立社会保障・人口問題研究所「日本の将来推計人口（平成29年推計）：出生中位・死亡中位推計」（各年10月1日現在人口）

少数の労働者で非生産人口、特に現在より増える高齢者層を支えるため、社会保障制度の改革が急務となっています。

※2　国立社会保障・人口問題研究所「日本の将来推計人口（平成24年および平成29年中位推計）」
※3　満15歳以上の人口のうち、就業者と完全失業者の合計。

図表8-2　日本の人口の推移

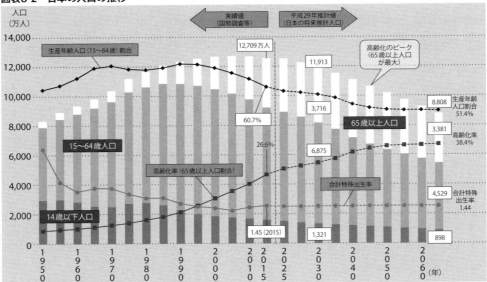

出典：総務省「国勢調査」および国立社会保障・人口問題研究所「日本の将来推計人口（平成29年推計）：出生中位・死亡中位推計」（各年10月1日現在人口）

3　人口減少社会と自律的なキャリア形成

(1)経済規模の縮小：規模の経済からグローバルな質の経済へ

　人口減少社会と少子高齢社会の現状についてみてきましたが、総人口・労働人口の減少への転換は、生産労働力の減少、消費市場の縮小、投資の原資たる貯蓄減少を通じて、長期的には、日本の経済規模の縮小をもたらすと予測されています。

　日本の経済成長率は、1956年から1973年までの平均9％から、1974年から1990年の4.2％、さらには1991年から2007年の1.0％へと低下してきています。今後、日本企業のグローバル化による成長要因はあるものの、国内経済を中心に見れば経済規模の縮小は避けられないところでしょう。グローバル経済構造の変動の中で、企業も人も変革を迫られています。

　日本経済は、これまでの大規模設備投資主導から消費・サービス主導への転換が必至です。経済のグローバル化と生産拠点の海外移転などを通じて、国内経済はサービ

ス・金融・保険業や医療・福祉といった消費中心の産業・雇用構造へと転換しつつあります。国内では、所得格差の是正も課題ですが、同時に高齢者支援や少子化対策による商品やサービスの質の高度化やきめ細かい対応が求められるでしょう。

　企業では、これまでの「規模の経済」の追求から、生産性の高い「質の経済」への転換が急務です。国内消費市場の縮小が予想されるなかで、グローバル展開あるいは高付加価値化しない限りは、企業は業績の拡大を見込むことはできません。国内経済で見る限り、売り上げ・市場シェアを追求してきたこれまでの経営姿勢から利益率の高い高付加価値製品・サービスへの転換が求められます。そのため技術やサービスの革新によるダントツの優位・差別化へと戦略を転換し、研究開発投資を拡大していくことが必要となるでしょう。日本企業による国際的な企業買収（M&A）や外国人経営者の登用は、日本企業がグローバル競争の舞台で活動せざるを得なくなった証左といえましょう。さらに、人工知能（AI）やIoT（モノのインターネット接続）といった情報化の劇的な進展は、第4次産業革命といわれる製造業を中心とした産業構造の転換をもたらします。こうした企業戦略・展開を支えるヒト＝人材が求められます。

(2) 雇用の多様化・流動化

　今後、経済変動の影響を受けつつも、グローバル化や生産性向上を通じて企業内に余剰が発生する可能性があります。こうした余剰を設備投資に充てるのか、資産として運用するのか、社員の賃金上昇や人材育成に投資するのか、技術開発に向けるのか、企業ごとの判断が問われるでしょう。企業経営はバブル経済の崩壊後、米国型グローバル経営にシフトしました。企業経営は、利益拡大と配当金の増加による株式価値の向上に向かい、国内の設備投資や賃金上昇は抑えられる傾向にあります。

　とはいえ、激化する競争を乗り越えるために、企業は競争力ある社員の採用・選抜・養成にますます力を注ぐことになるでしょう。市場や企業の要請から、また、私たち自身の価値観の多様化から、政府の「働き方改革」もあいまって、多様な働き方が求められるようになりました。企業は、高度成長期の製造業中心の成長路線を想定することは困難となり、「日本型雇用の三種の神器」である終身雇用、年功序列、企業内組合は崩壊、あるいは、柔軟な運用へと変化しつつあります。

　図表8-3「雇用形態別雇用者数の変化」に見られるように、正規の労働者の数は、あまり変化していませんが、非正規の労働者数は年々増加しており、1989年に、817万人（19.1％）であったものが、2017年中には2036万人（37.3％）を記録しました。2008年の米国の金融危機では、大量の非正規労働者の解雇・雇い止めが社会問題となりました。その後、政府の対応もあり、若年層の非正規雇用は減少し、非

正規労働者の構成は、高齢者の再雇用と女性の労働市場への進出による影響が見られます。一方、「7.5.3」※4といわれる新卒者の転職の傾向は変わらず、特に中小企業への就職者の流動性が見られます。

※4 新卒者が3年以内に退職する比率の傾向。中学卒70%、高校卒50%、大学卒30%という意味。中高には低下の傾向が見られる。

図表8-3　雇用形態別雇用者数の変化

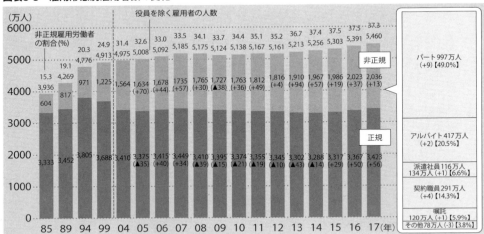

出典：総務省統計局「労働力調査（特別調査）」「労働力調査（詳細集計）」
（注）1985年から2000年までは「労働力調査特別調査」（2月調査）、2005年以降は「労働力調査（詳細集計）」（年平均）

(3) 自律的なキャリア形成・能力開発の必要

　少子高齢化は私たちのキャリア形成にとってチャンスとともにリスクももたらします。激しい企業間競争のなかで、私たちには、ますます自律的なキャリア形成、能力開発、スキルの自己研鑽が求められるようになるでしょう。

　直近2年以内の転職経験者の「就業形態間移動」を見ると、正社員・正職員から正社員・正職員へという同一形態間の移行率は80.7%であり、同様に、契約社員・嘱託（32.7%）、フリーター（49.3%）、パートタイマー（50.4%）、派遣（50.5%）となっています（「ワーキングパーソン調査2014」リクルートワークス研究所　2014年9月実施）。政府の雇用対策もあって、派遣から正社員への転換率は高まっていますが、フリーターや派遣ではなかなか正社員へ転換できない現実があります。

　雇用形態別の平均賃金をみると、正社員321万6,000円（平均41.7歳、勤続12.8年）、非正社員210万8,000円（平均47.3歳、勤続8.2年）と、非正社員は正社員の6.5割にとどまっています。特に正社員の年収が年齢と共に上昇するのに対し、非正社員では生涯にわたりあまり変わりません※5。

　さらに、正規雇用と非正規雇用の処遇の違いにおける最も重要な点は、教育・研修

機会の格差にあります。厚生労働省の「平成29年度能力開発基本調査」によると、正社員に対する「OFF-JT（職場外訓練）」を実施した事業所は75.4%、「計画的なOJT（職場内訓練）」は63.3%でした。一方、非正社員に対する「OFF-JT」を実施した事業所は38.6%、「計画的なOJT」は30.1%です。正社員に比べて企業・組織からの非正社員への研修・自己啓発機会の提供は約半分といえます。非正規雇用者は、スキル・能力開発においても、それに基づくキャリア開発においても、極めて不利であるといえましょう。

正社員でも、能力と意欲のある社員には教育研修と練成のための良い仕事の機会が重点的に与えられ、一方で、そうでない社員は相対的に多くの教育投資は期待できません。それだけではなく、他の社員あるいは非正規労働者と代替可能な標準的業務に配置される可能性が高まります。そうした職種では、人工知能（AI）やロボットによる代替が進むことが予測されます。

一方、新興国市場の拡大は、世界経済と日本企業のグローバル化、一体化をもたらしています。同時に、国内労働力人口の減少を補うために外国人労働者の受け入れも増加し、永住者も増えています。企業は、ダイバーシティ・マネジメント（多様な人材の管理）ができるグローバル・マネジメント人材へのニーズを高めています。

今後は、キャリア形成の多くの局面で二極化の進展が予想されます。皆さんは企業・組織からの投資を有効に活用し、自分自身のキャリア計画に基づく能力開発を続けていくこと、そして、会社人間ではなく、「ワークライフバランス（仕事と生活の健全なバランス）」を想定して、どのような仕事生活を送るかということを、慎重かつ主体的に選択していくことがますます重要となるでしょう。

※5　厚生労働省「平成29年賃金構造基本統計調査（全国）結果の概況」。ただし、全就業者平均。

図表8-4　雇用形態、性、年齢階級別賃金

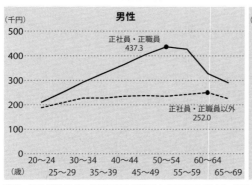
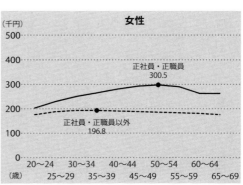

出典：厚生労働省「平成29年賃金構造基本統計調査（全国）結果の概況」

第8章　キャリアデザインと仕事理解(2)

振り返りシート

氏名　　　　　　　　　　　　　記入日

1. 少子高齢社会がキャリア形成にもたらす影響とは何か考えてみましょう。

2. 21世紀の私たちのキャリア形成にあたって、とりまく雇用・就労環境はどのようなものでしょう？　君はどのような就労・職業生活を送りたいですか？　その際、何を注意すべきでしょう？

3. この章を学んで特に気が付いたこと、考えたことは何ですか。

第9章 キャリアデザインと職場理解(1)

インターンシップを活用したキャリア考察

　本章では、特に大学生が自らのキャリアをデザインする上で、具体的には職場理解はもとより、自己理解、さらには社会で働くために必要とされる力の獲得も期待できるインターンシップについて、どのように活用すればいいのかについて述べます。

　まず、現在の日本におけるインターンシップとは何か、そしてその現状はどうなっているかについて理解します。次に、インターンシップをどのように選べばいいのかを押さえつつ、事前にどんな準備をすればいいのか、インターンシップ中に心掛けるべきことは何か、さらにインターンシップ終了後にすべきことについて解説します。

　最も伝えたいことは、インターンシップは大学生のキャリアデザインにおいて有益であり、就職活動にとってもプラスになるということです。

第9章 キャリアデザインと職場理解（1）

テーマ：インターンシップを活用したキャリア考察

> 目的：インターンシップを通してキャリアデザインを行います。
> 1. インターンシップの定義、歴史、現状について理解します。
> 2. インターンシップを活用してキャリアデザインを行うために、参加前、参加中、参加後にすべきことを理解し、実行します。

講義の目的・目標の把握

1. **導入**
   挨拶、今日の授業目標と概要を説明します。
2. **インターンシップの定義、歴史、現状について**
   世界的にも珍しい、日本独自のインターンシップについて理解します。
3. **インターンシップを活用するために**
   (1) インターンシップ参加の目的を設定しましょう。
   　目的は「相手を知る」「自分を知る」「成長する」の3つです。
   (2) インターンシップの種類を理解して選びましょう。
   　設定した自らの目的にふさわしいインターンシップを選びましょう。
   (3) インターンシップ参加前にすべきことを
   　企業研究、自己分析、社会人マナー修得、グループディスカッションの練習などをしておきましょう。
   (4) インターンシップ参加中に心がけるべきことを知っておきましょう。
   　主体的に動く（プロアクティブ行動）ことと、人脈づくり（ネットワーキング行動）を心がけましょう。
   (5) インターンシップ終了後にすべきことを知っておきましょう。
   　振り返りをしなければ、経験は無駄となります。お礼状も忘れずに出しましょう。
4. **まとめ**

1 インターンシップとは何か？

インターンシップとは、「学生が在学中に自らの専攻、将来のキャリアに関連した就業体験を行うこと」です（文部科学省・経済産業省・厚生労働省2015「インターンシップの推進に当たっての基本的考え方」）。ただこれは非常に幅広い定義で、大学のイニシアチブの有無や期間、内容、受入団体、単位の有無、報酬の有無など、実際のインターンシップにはさまざまなタイプがあります。

ただし、内容に就業体験を伴わないもの、例えばワンデーインターンシップで、企業説明会だけの場合は、インターンシップとは本来呼べません。

また、期間についても、大学が推奨するインターンシップを「教育の一環」として捉えるならば、職場の説明、就労体験や課題解決型学習、社員からのフィードバック、そして事前・事後の教育も含めて、少なくとも5日間以上実施することが望ましいといえます。特に単位化するのであれば、自らの専攻に関連した分野にて、連続5日間以上の就労体験が、教育の質を担保する上で望ましいとされています。

2 インターンシップの歴史について

インターンシップは、1906年にシンシナティ大学工学部にてカリキュラム化されたものを端緒とされています。一般的には長期休暇を利用し、6〜12週間有償で、まさに就労を行うインターンシップが、カリキュラムと連携した大学主導によるコーオプ教育として普及し、インターンシップ体験が就職活動の1つの手段となりました。これをひな型として、日本独自のインターンシップが導入されました。つまり、日本のインターンシップは、アメリカのそれをアレンジしたものなのです。

ただし、日本の大学の休暇は短く、アメリカのように長期間のインターンシップを実施することができません。また、入社後、社内研修やOJTによって仕事を習得する総合職が主体であった日本は、アメリカのように実務体験が問われる専門職採用が主体ではないため、長期のインターンシップを経由した採用の道筋をつけることもできませんでした。結果、日本の短い夏季休暇や受入企業の負担を考慮した結果、夏季休暇期間における1〜2週間程度の短期間で無償のインターンシップが一般的に普及しました。

3　インターンシップの現状

　従来、キャリア教育の一手法として導入されたインターンシップは、近年、企業の採用活動の側面も持ち始めています。契機は、経団連が2013年9月に発表した「採用選考に関する指針」により、2016年3月卒から採用活動が後ろ倒しになったことです（企業説明会の解禁日が12月1日から3月1日、面接の解禁日が4月1日から8月1日に変更）。もともと本指針には拘束力がなく、ルールを無視して早期に会社説明会や面接を実施していた企業は一部ありました。しかし本改訂により、ルールを順守した結果、いい人材を他社に採られたら困ると考えた企業は、3年生の夏季はもちろん、秋から冬にかけてワンデーインターンシップを中心にインターンシップを開催するようになったのです。さらに経団連に参加しないIT企業の台頭、採用のグローバル化の影響もあり、経団連は本指針で加盟企業をコントロールすることはできないと考え、2021年3月卒の指針発表を取りやめ、採用活動の自由化を提言しました。慌てた政府が代わりに旧指針を踏襲した指針を発表したのが現在です。

　インターンシップの現状としては、企業によるインターンシップの実施率は、2016年度が59.4％、2017年度が69.1％、2018年度が73.7％と年々増加しています。また、学生のインターンシップ参加率も、2016年度が59.7％、2017年度が72.2％、2018年度が72.8％とこちらも年々増加しています。なお、2018年卒の学生が最初にインターンシップに参加した時期は、「大学3年生7〜9月（41.7％）」が一番多く、「大学3年生1〜3月（16.2％）」が次に多いという状況です。つまり、企業の4社に3社がインターンシップを実施し、学生も4人に3人がインターンシップに大学3年生のうちに参加していることになります。

4　インターンシップを活用するために

　大前提として、インターンシップに参加できる大学生は3年生とは限りません。教育としてのインターンシップであれば、1〜2年生も参加することは可能です。

(1)インターンシップ参加の目的

　まず、最初に決めるべきことは参加する目的です。目的がなければインターンシップ先を選ぶことができないからです。また、エントリーシートや面接などの選考があれば、志望動機は必ず聞かれます。そのため、参加する目的をよく考え、決定することから始めましょう。

目的には大きく3つあります。

1つめは「相手を知る」です。就職活動の一環であれば、「業界研究」「企業研究」「仕事研究」と呼んでもよいでしょう。例えば、その業界の課題を知りたい、その企業の強みを確認したい、その企業の女性はいきいきと働いているのか、などです。社員に聞いたり、現場を体験することでしか知りえないことは何か、考えてみましょう。

2つめは「自分を知る」です。就職活動の一環であれば、「自己分析」にあたるものです。例えば、自分はどんな仕事に向いているのか、どんな職場の雰囲気が合うのか、その会社の社員との相性はいいのかなど、その職場で働いてみなければ分からないことは何かを考えてみましょう。また、自分は他の学生よりもどんな力が長けているのか、逆に劣っているのかについても、他の学生と比べてみなければ分かりません。さらに自分ならその会社で活躍できると思ったとしても、客観的にできるかどうかは、その仕事をやってみて、社員からのフィードバックを得なければ分かりません。新しい場所で、新しい人と協働しなければ、新しい自分に気づくことはありません。インターンシップはそんな機会が潤沢にあるのです。

3つめは「成長する」です。具体的には、インターンシップに参加して、自分のどんな力を高めたいのかによってインターンシップ先を選ぶのです。例えば、営業や接客の経験が積めるのなら、コミュニケーション能力の獲得が期待できるでしょう。また、課題を与えられてチームで取り組むのであれば、課題を明確にして、協働し、課題を解決する力が身につくでしょう。プログラムの内容をよく読んで、自分がどうなりたいのか、よく考えてみましょう。なお、短期間のインターンシップでは成長は期待できません。成長を目的とするなら、できるだけ長期のインターンシップを選びましょう。

「インターンシップの目的設定ワークシート」を章末に用意したので活用してください。

(2)インターンシップの種類

インターンシップの種類には大きく3つあります。

1つめは「仕事体験」です。インターンシップの目的に最も即したスタイルと言えます。社員の基幹的もしくは補助的な業務の一部を経験することになります。また、仕事をしている社員に同席あるいは同行するプログラム（シャドウイング）も、仕事の雰囲気を観察できて学びは深いでしょう。このタイプは社員との交流機会が多くなるため、社員との人脈形成に最適です。なお、アルバイトやパートタイマーが行う業務の一部を経験するプログラムもありますが、マクドナルドやスターバックス、ユニ

クロなど、アルバイトと社員の業務が同じ企業以外は、アルバイトやパートタイマーが行う業務を行うプログラムは選ばない方が良いでしょう。

2つめは「課題解決型学習」です。「プロジェクト型学習」とも呼びます。通常の業務ではなく別の課題やプロジェクトを与えられ、学生がグループになって挑戦するスタイルです（個人で取り組むケースもある）。全くスキルがない学生に仕事を切り出すのが難しい企業や、クライアントごとにサービスや商品を提案する企画営業職を採用する企業に多いパターンです。このタイプは他大生との交流機会が多くなるため、他大生との人脈形成に最適でしょう。なお、このプログラムは、採用活動における「グループディスカッション」と類似しており、選考の参考にしている可能性も高いです。

3つめは「業界や会社、仕事に関する講義」です。職場や工場の見学も意味合いは同じです。前述した「仕事体験」「課題解決型学習」に取り組む前に行う場合が多いようです。ただし、ワンデーインターンシップなどで講義のみの場合、それは「会社説明会」と同じであり、成長は見込めません。

(3)インターンシップに参加する前に

「(1) インターンシップ参加の目的」で述べた「相手を知る」「自分を知る」「成長する」を達成するために、以下の事前準備が必要です。大学主催のインターンシップであれば、事前研修に組み込まれていると思いますが、ここで確認をしておきましょう。

受入先の企業研究

Web サイトや会社案内を読み込み、受入先企業を研究します。不明点を書き出し、質問をできるだけ多く書き出して用意することが重要です。特に B to C 企業であれば、インターンシップ参加前に店舗を訪問したり商品を手に取ったりして、質問を用意しておくことがアドバンテージとなります。業界研究もできる限り行っておくと、業界内におけるその企業の強みや戦略も理解しやすくなります。仕事研究は、採用サイトに載っている「先輩メッセージ」を読み込んでおくと良いでしょう。インターンシップ初日の講義の時に必ず質疑応答の時間があるので、そこで挙手して質問すれば、人事担当者に好印象を持ってもらえるでしょう。また、社員と交流する時間があれば、そこで質問をすれば信頼関係も構築しやすくなります。逆に質問をしない学生は、評価が下がるので注意してください。

最後に、受入先の企業研究について、事前に調べておく、もしくは考えておくべき項目を挙げておきます。何の事前準備もせずに参加しても成果はありません。しっかり準備してください。

(1) あなたの実習先は社会においてどのような役割を果たしていますか？
(2) その実習先にはどのような仕事がありますか？（箇条書きで全て）。
(3) あなたが実習先で現場体験を行った時、サービスの対象者はどんな人が考えられますか？また、その人たちはどのようなニーズを持っていますか？
(4) その対象者に接するために、どのようなことを心掛けたら良いでしょうか？
(5) あなたは実習先でどのようなことを学びたいですか？

自己分析

　自分の強みや弱みは何かを知るための準備をします。例えば、自分の強みはその企業で活かせるのかについて考えておけば、自ずと質問したいことも浮かんできます。また、自分の弱みについては、そのインターンシップでどのような行動を取れば克服できるのかを考えましょう。自己分析はインターンシップ経験の価値を高めるために必須の作業です。やり方が分からない場合は、キャリアセンターに相談しましょう。章末に「インターンシップの目的設定ワークシート（自分を知る）」を用意しましたので、活用してください。

社会人マナー

　アルバイトと正社員とでは、求められる社会人マナーのレベルは変わります。インターンシップのほとんどは社員と同じ社会人マナーが求められるので、大学が主催する社会人マナー研修には必ず出席しましょう。具体的には、あいさつの仕方、名刺交換の仕方、服装、電話応対、時間管理、報告・連絡・相談（報連相）、敬語や言葉遣い、整理整頓などのマナーを身に付けておきましょう。

グループディスカッション

　社会で働く上で、初対面の他者と打ち解け、協働しながら作業を行うことは不可避で、インターンシップでもそういった場面に遭遇することがあります。そのため、グループディスカッションの練習をしっかり行っておくことが重要です。大学が主催するグループディスカッション研修には必ず出席しておきましょう。

(4)インターンシップ参加中に心掛けるべきこと

　インターンシップ先は教育機関ではない以上、学生自身が積極に学ぼうとする意識や態度がなければ、何も得ることはできません。受け身で消極的な学生に対しては、受入先の社員も熱心に教えてはくれません。そのため、「学ばせていただいている」気持ちを忘れずに、社員との交流機会があれば質問をする、手持ち無沙汰になれば「何かお手伝いできることはありませんか？」と聞くなど、積極的に行動することが重要です。特に大切な行動は以下の２つです。

主体的に動く（プロアクティブ行動）

より良い成果を出すために、自分の仕事のやり方を常に見直して、必要であれば変えようと努力しましょう。与えられた業務をこなすだけではなく、納期を早くするにはどうしたらいいのだろう、もっと社員に喜んでもらえるようにするにはどうすればいいのだろうなど、試行錯誤を繰り返さなければ、成長することはできません。また、その姿勢はきっと人事担当者にとって好印象をもたらすことでしょう。

人脈づくり（ネットワーキング行動）

社員や他大生との人脈を作ることを積極的に行いましょう。社員との座談会の時間が設定されていたらもちろん、昼食・夕食もご一緒できるなら参加するなど、交流の時間をフル活用し、用意してきた質問リストを使って積極的に質問をすることが重要です。もしその企業に入社したいと思ったなら、具体的にどうすれば入社できるか聞くのが正しい戦略となります。それは他大生に対しても同じです。就職活動の情報交換を積極的に行うことで、意中の企業の採用情報が得られるかもしれません。

(5)インターンシップ終了後にすべきこと

インターンシップで経験したことをそのままにしてしまったら、何も残りません。そこで、毎日の業務終了後、そして全日程終了後、しっかり時間を取って振り返りを行うようにしましょう。

例えば「相手を知る」であれば、社員から聞いた情報をしっかりまとめておけば、それは質の高い「志望動機」として使えるかもしれません。「自分を知る」であれば、社員や他大生からのフィードバックが、まさに他者から見た自分の評価であり、自己分析が一気に進み、質の高い「自己PR」を作ることができるでしょう。「成長する」であれば、その日の行動を振り返り、改善点を考え、そして次の日の行動プランを作って行動しなければ、成長することはできません。

インターンシップは、最高レベルの企業研究、自己分析、成長の機会です。「インターンシップの振り返りワークシート」を章末に用意したので活用してください。

なお、お世話になった社会人や学生へのお礼状やお礼メールも間を置かず送るようにしましょう。就職活動はもちろん、入社後にも役立つ人脈になるかもしれないのですから。

第9章　キャリアデザインと職場理解（1）

インターンシップ参加前ワークシート

インターンシップの目的設定ワークシート（自分を知る）

実習先名：		
現状把握	あなたが強みと考える、社会で働くために必要な力は何ですか？	なぜそう思いましたか？過去を振り返って、その理由を書いてください。
	あなたが弱みと考える、社会で働くために必要な力は何ですか？	なぜそう思いましたか？過去を振り返って、その理由を書いてください。
目標設定	強みを伸ばすための行動プランを記入	
	弱みを克服するための行動プランを記入	

第9章　キャリアデザインと職場理解（1）

インターンシップ参加後の振り返りシート

学籍番号　　　　　　　　氏名

実習先名：

1. インターンシップに参加したからこそ知った、その企業団体の知識

2. 成長した社会で働くために必要な力

3. 成長した具体的エピソード　※いい評価を頂けたエピソードも可

4. 2と3で学んだセオリー（こうすれば成長できる、こうすればいい評価を頂ける）

5. 今後の行動プラン（就職活動など将来に向けて

第10章 キャリアデザインと職場理解(2)

キャリア形成と求められる基礎能力

　第10章では、皆さんがこれまで働いたり、働くことについて見聞きしてきたことを基に、キャリア研究を行います。

　あなたは「働く」ことについて、どのようなイメージを持っていますか。

　これまでの学生としての立場から、職業人として自らの仕事・職務を遂行していく役割・立場に移行していくことは、求められる姿勢や資質・能力が当然変わってきます。誰でも、初めての経験に臨むときは期待や挑戦する意欲を感じますが、それ以上に不安や逃げ出したいような気持ちにかられるものです。

　しかし、皆さんの両親や先輩たちも、そうした壁を乗り越え、それぞれの人生における役割・立場を踏まえて、立派にその役目を果たしているのです。

　グループで話し合い、情報を補完しあうことを通じて、自分は何のために仕事をするのか、自分の目指したいキャリアイメージとはどういうものかを考えます。

第10章 キャリアデザインと職場理解(2)

テーマ：キャリア形成と求められる基礎能力

目的：就業体験を活用してキャリアについて再考しましょう。
1. 自分のキャリア・アンカーについて考えます。
2. アルバイトなどの就業体験を持ち寄って、キャリアデザインについて考えます。
3. 社会人基礎力について考えてみましょう。

講義の目的・目標の把握

1. **導入**
   挨拶、今日の授業目標と概要を説明します。
2. **自分自身のキャリア・アンカー探し**
   8つのキャリア・アンカーの中で自分はどれに近いのかを考えます。
3. **仕事（職業）に関する情報を集めよう**
   自分たちの就業体験をグループで話し合ったり、働いている社会人の先輩に話を聞いてみます。
4. **会社の本当の姿はどうすれば分かるのか**
   リアリスティック・ジョブ・プレビュー（RJP）理論について考察します。
5. **会社に入ってから求められる能力や資質**
   社会人基礎力とは何かを考えてみます。
6. **まとめ**

1　自分自身のキャリア・アンカー探し

　働くことを通じて、自分は何を追求していくのかという基準、物さしは、一人ひとりが自分に問いかけながら答えを探していかなくてはなりません。そうした物さしの種類は何種類あるのかと聞かれたら、おそらく十人十色、百人百様、それこそ人口全体の数と同じだけあるのではないでしょうか。まったく同じ遺伝子を持った人間が存在しないように、そもそもみんな独自の価値観や興味、関心、考え方を持った固有の存在だからです。

　それでも、研究者たちは同じような傾向を示す人たちごとに、タイプ分類する試みを続けてきました。キャリア研究の第一人者の一人、エドガー・H・シャインは、多くの人のキャリア形成過程を分析し、「一人ひとりが自分に適したキャリアを追求していくための『原点』を持っていて、それに引き寄せられるような影響を受けながらキャリアを形成している」と提唱しています。シャインは、それを長い航海を続けながら、やがて母港にたどり着いた船舶がおろす錨（アンカー）のイメージになぞらえて、その「原点」を「キャリア・アンカー」と名付けました。

　シャインによれば、キャリア・アンカーは8種類のカテゴリーに分類されます（資料編　キャリア・アンカーの8つの領域）。そして、人はそれぞれ自分のキャリア・アンカーに適した仕事・職業に就いて、それに取り組んでいるときが一番充実した、満足感の高い順調な人生を送っていけると説明しています。

　確かに、自分自身に一番適した仕事が見つかることは素晴らしいことだと言えます。少なくとも、自分が現在取り組んでいる仕事が自分に合っていると思えることは、やりがいや働きがいを感じるために不可欠の条件です。しかし、シャインはまた、次のようにも述べています。「キャリア・アンカーを適職探しのツールとして活用するためには、仕事（職務）を分析するツールも必要である」。

　つまり、キャリア・アンカーが「自分は、仕事（職業）に何を求めているか」を測るツールであるとすれば、もう一方で「その仕事（職業）は、自分に何を求めているのか」を測るツールも必要であるということです。シャインは、後者の質問に対応するために「職務・役割プランニング」という理論も提唱していますが、これは実際にその仕事に就いている人でなければ活用が難しい方法です。

　特に、まだ実質的な就業経験がない学生の皆さんにとっては、「その仕事（職業）は、自分に何を求めているか」と問われても、その答えを探す糸口すら見えないというのが実情でしょう。それだけに仕事に対する不安が拭えず、自分がどこまで対応できるのだろうかと心細くなってしまうことが少なくありません。

資料編

キャリア・アンカーの8つの領域

TF（Technical／Functional Competence）　専門・技術的能力

　この領域にキャリア・アンカーのある人は、自分の技能・専門性を発揮できる機会は決して逃したくないと考え、つねにその技能・専門性を磨きつづけようとする。自分のアイデンティティは、その技能・専門性を発揮することにあると感じており、それを発揮することに挑戦できる仕事、職業に携わることに最も幸せを感じる。

　その技能・専門性が発揮できる場合は、進んで人を管理・監督するが、そのために自分の技能・専門性を発揮することが制限される場合は、管理・監督の立場を放棄しようとする。

GM（General Managerial Competence）　総合的経営管理能力

　この領域にキャリア・アンカーのある人は、さまざまな職種、部下を統率・管理して、ある部門の成果をあげていく責任ある地位を指向している。より高い地位につくために、組織の階層を昇ること（昇進）のできる機会は決して逃したくないと考えている。自分の所属する組織全体が業績をあげることに貢献できる仕事をすることに自分のアイデンティティを感じる。現在、専門・技術の分野にいても、それはできるだけ早く総合的経営管理の仕事につくために必要な経験を習得するためであって、専門・技術を高めその専門家となるためではない。

AU（Autonomy／Independence）　自律・自立、自由追求型

　この領域にキャリア・アンカーのある人は、自分の仕事を自分なりにやっていける機会を決して逃したくないと考えている。組織の中で仕事をしていても、いつ、どのように仕事をするか、進め方を自分で決められる仕事に留まりたいと思っている。組織の規制や制約を耐えがたく感じたときは、自由が得られる、たとえば教師やコンサルタントのような職業に就くことを考える。自律・自立を確保するためには、昇進の機会も辞退する。この自由でありたい欲求のためには自分で事業を始めることも考えている（ただし、ECの起業家的創造性とは動機が異なる）。

SE（Security／Stability）　安全・安定、保障追求型

　この領域にキャリア・アンカーのある人は、終身雇用的な安全を失うようなことはしない。主たる関心は、組織の中で安心感を持てることであり、恩給や退職金のような経済的な保障を重視する。こうした安心感や保障は、組織が命じることには、何であれ、進んで忠誠を示すことと引き替えに得ることができるので、自分の能力が最も

高い場合であっても、仕事の内容や組織上の地位にはあまり関心を持たない。自律・自立アンカー（AU）もそうであるが、誰もがある程度、このアンカーを持っている。とくに経済的な必要性が強いときや、定年間近のときには、このSEアンカーへの関心は強くならざるを得ないが、このアンカーの人は常に安定・保障が関心の中心である。

EC（Entrepreneurial Creativity） 起業家的創造性

この領域にキャリア・アンカーのある人は、機会さえあれば自分の能力を高めて、進んでリスクをおかし、障害を克服し、自分の組織や企業を起こしたいと考えている。自分の努力の結果として、企業を起こす能力を世間に示したいと望んでいる。勉強し、チャンスを見極めるまでは、組織の中で組織のために仕事をするかもしれないが、何とかなると思えばすぐさま、自分の力で挑戦してみるために組織を離れる。自分の能力の証しとして、企業を経済的に成功させたいという意欲が強い。

SV（Service／Dedication to a Cause） 奉仕・献身、貢献追求型

この領域にキャリア・アンカーのある人は、何か価値のあるもの、たとえば、この世の中をもっと住み良いものにするとか、環境問題を改善・解決するとか、人々の協調を促進するとか、他人を援助するとか、安全を確保するとか、新薬を開発するというような仕事をする機会があれば、その機会を決して逃したくないと考えている。組織を変わるようなことになっても、そのような機会を追求しようとするし、そのような価値を実現させてくれる仕事から引き離されるような異動や昇進は拒否する。

CH（Pure Challenge） 挑戦・課題克服型

この領域にキャリア・アンカーのある人は、解決不可能と思える難問を解決したり、手ごわい競争相手を打ち負かしたり、困難な障害を克服したりできる機会があれば、その機会を逃したくないと考えている。仕事やキャリアを追求する最大の意味は、不可能・難局に立ち向かい勝つことなので、自分の挑戦目標を、不可能にさえ思える難しい設計に挑むエンジニアのように知的な仕事の中に見出す人もいれば、万策尽きて破産寸前の会社にしか関心を向けない経営戦略専門のコンサルタントのように複雑で多面的な状況に挑戦することの中に見出す人もいれば、プロのスポーツ選手や一つひとつの取引を勝負と見なすセールスマンのように相手との競争の中に見出す人もいる。新しさ、変化、困難それ自体が目的となり、そうしたことが失われればすぐさまうんざりとしてしまう。

LH（Lifestyle Harmony） 調和的ライフスタイル追求型

　この領域にキャリア・アンカーのある人は、自分の個人的な欲求、家族の欲求、キャリア（仕事）上の要請の3つのバランスをとり、統合することのできる状況を失いたくないと考えている。生活のなかでこの3つの要素を全体として統合したいと望んでいるので、そうした統合を達成できるだけの柔軟さを、仕事や組織がもたらしてくれることを必要としている。そのため、仕事キャリアのある側面（たとえば、転勤が昇進を意味していても、それが生活全般を混乱させるものである場合、つまり栄転など）を犠牲にするかもしれない。成功すると言うことは、仕事キャリア上の成功だけに限らないと考えている。トータルに考えた自分の生活をどう送るか、どこに住み、家族との生活をどう折り合わせていくか、どのような仕事、組織とであれ、仕事・組織よりも自分自身をどう成長させていくかということに一層のアイデンティティを感じる。

2　仕事（職業）に関する情報を集めよう

　仕事に対する不安を克服していくためには、仕事（職業）についての知識・情報を収集し、自分の頭で理解・整理し、蓄積していくことが重要です。

　そこで、皆さんがこれまでアルバイト経験などを通じて体得した仕事情報や、両親をはじめ周りの社会人の先輩から見聞きした情報・体験談、仕事に関する知恵などを書き出し、それをグループで持ち寄って研究してみましょう。

　これまで、自分たちがどういうアルバイト業務を体験し、そのときにどのようなポイントに留意して働いていたか、どういうときに仕事のやりがいを感じ、どういうことに苦労をしたか、などを話し合ってみましょう。また、アルバイトを始めたきっかけや目的などについても意見交換し、その結果として得られたものや、苦労・犠牲を強いられたものの有無を検討してみましょう。グループでディスカッションをすることで、自分とみんなの共通する部分や、自分では気付かなかった点など、新たに見えてくるものがあるはずです。

　次に、既に社会人として仕事をしている人たちにインタビューした情報を持ち寄って、仕事のどういう部分にやりがいや働きがいを感じ、どういう点に苦労しながら仕事をしているのかなど、インタビュー結果をまとめた内容をお互いに説明してください。また、その仕事を始めたころと現在では、仕事に対する考え方や感じ方にどんな

変化が生じてきたか、変化があるとすれば、どんなことが要因になっていると思っているかなどを考えてみましょう。

　皆さんがアルバイト経験で思ったり感じたりしていることと、社会人が仕事に対して感じていることとの間に、どんな共通点や相違点があるのでしょうか。実際に働いている人たちの体験を直接的に聞いたり比較したりすることは、皆さんが将来のキャリアをデザインし、計画や準備を進めていく上でも、重要な意味があります。学生から社会人に移行していく段階で、就職活動というステップがあります。その際に企業から会社説明会や求人パンフレット、求人サイトなどを通じてさまざまな情報を受け取りますが、それだけでは分からないことや気付かないことが多いからです。

3　会社の本当の姿はどうすれば分かるのか

　企業の採用担当者の立場から考えると、自社の魅力や長所、強みを強調することによって、応募者の人数や質的水準を確保したいという意識が働きます。求人情報や応募者への説明で、嘘の情報を伝えることは論外ですが、自社にとってマイナス・イメージにつながる情報はあえて伝えないことも十分に考えられます。

　その結果、求職者が採用されて、実際にその会社に入社してみると、それまで抱いていた良いイメージと厳しい実態とのギャップが大きすぎて、すぐに退職してしまうという現象が生じてしまいます。こうした入社前のイメージと実際に入社したときの体感とのギャップを、「リアリティ・ショック」と言います。このリアリティ・ショックをどうやって乗り越えていくかということが、企業にとっても求職者にとっても大きな問題になっています。

　そのため、求職者に対し自社の会社説明を行う際に、悪い面や弱い点を含めてありのままの姿を伝えるようにしようという考えがあります。米国のジョン・ワナウスが提唱した「Realistic Job Preview：RJP」という理論です。ワナウスは、1970年代に電話会社の依頼で交換手の離職率が高い原因を分析し、募集用の会社案内ビデオやパンフレットに、「エキサイティングでやりがいのある重要な仕事」など、良い面しか説明されていないことが問題ではないかと考えました。

　そこで、新たな会社案内資料には「1．単調で退屈な仕事であること、2．正確さが求められるので監督が厳しいこと、3．孤独な作業で同僚との交流機会は乏しいこと」といった現実的な側面を記載するように改めました。そうすると応募者数は減少したものの、離職率が低下し、欠員補充のための採用コストや新規採用後の教育コストを抑制でき、企業と求職者の双方にとって望ましい結果につながりました。

このRJP理論はその後、保険会社や陸軍士官学校、半導体メーカーなどでも導入され、それぞれ成果を上げたとされます。ワナウスは、その要因を「1.セルフ・スクリーニング効果（求職者に、自分がその仕事に向いているかどうか、あらかじめ自分で考えさせること）、2.ワクチン効果（過度な期待を抱かせないので上述のリアリティ・ショックを小さく抑制できること）、3.コミットメント効果（あらかじめ自分で困難を承知して入っているので仕事に対する達成意欲が高いこと）」などの面から説明し、結果的に高い定着率を実現できることのメリットを主張しています。

こうした手法による採用方法は、リアリティ・ショックが大きいと見られる職種や既に就業体験を有する経験者を中途採用する場合には、一定の成果が期待できると考えられます。しかし、大学などを卒業したばかりのいわゆる新卒者採用のケースでは、RJPによるメリット、デメリットの比較検証は、必ずしも明確にはなっていないので、取り組んでいる企業は少ないのが実情です。

また最近では、インターネットやSNSなどで「ブラック企業」という表現が広がり、応募者が過剰な反応を示す傾向が強くなっているので、企業は自社のマイナス・イメージが流れることへの警戒心を強く持つようになっています。結局のところ、どんな企業にも、人間と同じように長所と短所の両面があり、それが自分にとってどのような意味を持つのかは、根拠の不確かな情報によって判断するのではなく、実態を知っている人から直接聞いたり、インターンシップなどで自ら体験したりしていくことが、より重要になってきています。

4　会社に入ってから求められる能力や資質

また、バブルが崩壊した1990年代半ば以降、自律的なキャリアの重要性が強調されるようになるとともに、採用において「即戦力」という言葉がよく聞かれるようになってきました。この即戦力とは、どういう能力や人材を指しているのでしょうか。採用面接で学生が挙げる自己PRの例として、アルバイト経験とか専門資格の取得があります。そうした経験や学習が即戦力の条件なのでしょうか。企業の採用担当者たちは、必ずしもそのようには考えていませんし、そもそも昨今では新卒採用において即戦力という言葉を使う企業は減少しつつあります。

新卒者に対しては、現時点で保有している知識・能力（時価）よりも、これから中長期的にどのように成長し、自社の将来にどのくらい貢献してくれるだろうかという期待値に基づいて採用決定を行っているのが一般的です。逆にアルバイト経験や保有資格を見て、最初から新卒者を即戦力と位置付けるような会社では、その会社は本当

に従業員を育成しキャリアを向上させていく姿勢があるのか、仕事を通じて成長していける深みがある土壌なのかと心配になります。

　これからの成長に期待するために、企業は新卒者に対して学業成績や専門知識という面のみではなくて、コミュニケーション能力や協調性、積極性、規律性などの人間的側面をより重視しています。それらの力が将来の伸び代につながると考えているからです。たとえば、経済産業省が取りまとめた社会人基礎力という概念では、**「前に踏み出す力（Action）」、「考え抜く力（Thinking）」、「チームで働く力（Teamwork）」**という3つの要素を挙げています。

　こうした要素を、大学生活を通じて大きく伸ばしている学生も少なくありません。そうした学生は、自分の将来のキャリアについて早くから目標意識をもって、その実現につながるような計画性のある学生生活を積極的に実践しています。また、その過程で新しい課題への挑戦をチーム（ゼミやサークル活動など）で主体的に提案したり、議論したり、支え合ったりしながら、一つひとつ達成・実現していく経験・学習の積み重ねが、自らの社会人基礎力の向上に結び付いていると言えます。

図表10-1　「社会人基礎力」とは

経済産業省「社会人基礎力に関する研究会」が示した概念で、職場や地域社会の中で多様な人々とともに仕事を行っていく上で必要な基礎的な能力のことをいう。

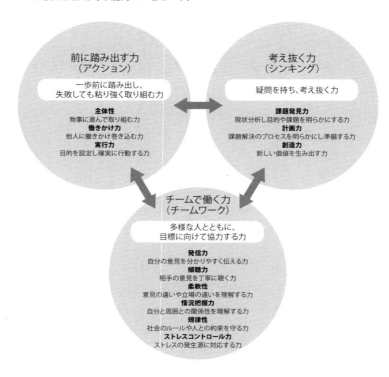

第10章　キャリアデザインと職場理解(2)

就業体験基礎チェックシート

学籍番号　　　　　氏名

自分たちの就業体験を話し合おう

あなたが働く経験をした会社名は	
その会社の所在地は	
その会社は、どのようなビジネスを行っていますか	
あなたは、そこでどのような仕事を担当しましたか	
一緒に仕事をした人たちは何人くらいですか、その人員構成は	
仕事をしていて、どういうときに楽しい（うれしい）と感じましたか	
逆に、悲しい（つらい）と感じたのは、どのようなときですか	
仕事に際して、先輩やリーダーから注意するように言われた点は	
その会社には、他にどのような部署、部門がありましたか	
他部門で、あなたが興味を持った仕事はありますか	

第11章 キャリアデザインと職場理解(3)

多彩な
職種や業種と
自分の適職

　第11章では、自分の適職を探す準備の一環として、どのくらい多様な仕事があるのかを理解します。
　社会には、どのような仕事や職場があるのだろうか。自分に適した職種や業種とはいったい何だろうか。これは、多くの学生が就職活動を始めるにあたって直面する疑問であり悩みです。
　自分に向いていない仕事ややりたくない仕事というのは、比較的容易に見分けられます。それよりも、自分にとって興味や関心のある仕事が、本当にやりがいや働きがいをもたらしてくれるものかどうかが一番知りたい点ですが、残念なことに誰もその答えを与えてはくれません。
　それでは、自分に適した仕事との巡り会いは偶然に期待するしかないのでしょうか。しかし、その偶然はただ待っているだけでは訪れません。自分で計画し、学習や経験を積み重ねていく努力が重要なのです。

第11章 キャリアデザインと職場理解(3)

テーマ：多彩な職種や業種と自分の適職

> 目的：社会にはさまざまな業種や職種があることを理解します。
> 1. 早期離職の現状と問題点について考えます。
> 2. 多くの職業の中から自分の適職を探す方法について理解を深めます。

講義の目的・目標の把握

1. 導入

挨拶、今日の授業目標と概要を説明します。

2.「七・五・三現象」はなぜ広がってきたのか

早期離職現象の問題点について考えましょう。

3.「適職」の探し方

日ごろから周到な準備や学習・経験を積んでおくことの重要性を学びます。

4. 業種や職種は、どのくらいあるのか

会社の事業内容や仕事の職種を調べます。

5. 興味・関心のある会社について調べる

ワークシートを活用して話し合いましょう。

6.「適職」は自分で創りだすもの

社会人・職業人として求められる能力について学びます。

7. まとめ

1　「七・五・三現象」はなぜ広がってきたのか

　最近の若者の就職に関する特徴を示すものとして「七・五・三現象」という問題が指摘されています。これは第7章でも述べましたが、中学校を卒業して就職した人の7割、高校を卒業して就職した人の5割、大学を卒業して就職した人の3割が、入社後3年以内にせっかく入った会社を辞めてしまうという早期離職現象を指した言葉です。

　こうした状況は、会社側から見るとまた新たな人材を採用し直さなくてはならず、採用活動や入社後の教育訓練に費やした時間と費用が無駄になり、退職した者も新たな就職先を探さなければならないといった大きな負担を強いられることになります。

　ではなぜ、早期離職が増えてきたのでしょうか。第10章で、入社前にその会社や仕事に対して抱いていたイメージと実際に入社後に体験して実感したものとのギャップの大きさによるリアリティ・ショックについて学習しました。リアリティ・ショックを感じたときに、「こんなはずではなかった」とか「ほかにもっと自分に適した仕事があるはずだ」と考え、すぐ転職に踏み切る若者が増えているからではないかと見られています。

　自分に適した仕事、つまりその仕事を通じてやりがいや働きがいを感じられる仕事を指して「適職」や「天職」という表現が使われることも多いのですが、「現在の仕事は、自分にとって適職ではない、もっとほかに適職があるはずだ」と見切りをつけてしまうのです。そして、そのタイミングがこれまでより早くなってきていることが「七・五・三現象」を生み、中学卒業者や高校卒業者では若干の改善が見られるものの、大学卒業の新入社員の場合、入社後3年以内に辞める人の割合は依然として3割を超えている状態です。

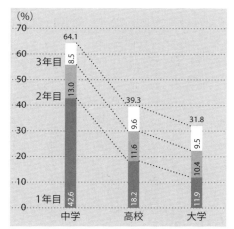

図表11-1　七・五・三現象に見る早期離職

出所：厚生労働省「2018年版　新規学卒者の離職状況」から作成（対象2015年3月卒業者）

2　「適職」はどうすれば探せるのか

　自分の適職が見つかるまでは、とりあえずフリーターとして働こうと考える若者も

います。フリーターになることを選択した理由としては、俳優やミュージシャンなど自分の夢を追求するための「夢追い型」、自分のやりたい仕事（適職）が見つかるまでとりあえずという「モラトリアム型」、ほかに就職機会がないのでやむを得ずという「不本意型」など、人によってさまざまですが、その後の追跡調査では多くの人がフリーターのままにとどまっています。景気の変動により、好景気のときには新しくフリーターになる人は減る傾向が見られますが、20代後半から30代にかけてのいわゆる年長フリーターは、なかなか減少していません。つまり、一度フリーターという道を選択すると、そこから抜け出すのは容易ではないことが分かります。

「夢追い型」の若者にとっては、もともと夢の世界の入り口が狭い（実現可能性が低い）ということもあるでしょう。適職が見つかるまでという「モラトリアム型」や不況期の就職難で「不本意型」でフリーターになった若者も、その多くがそうした状態から抜け出せず、年長フリーターとなっています。

そして、フリーターの仕事の多くは、時給制で年齢に関係なく決められていますので収入はほとんど増加せず、逆に年齢を重ねるにともない、仕事に就ける機会が少なくなります。解雇されるリスクも高い働き方なので、より一層厳しい生活を強いられるということが、現代の社会問題の一つとなっています。

フリーター選択の3類型

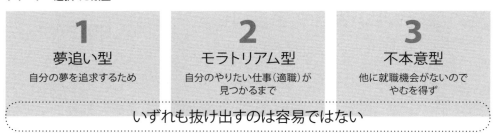

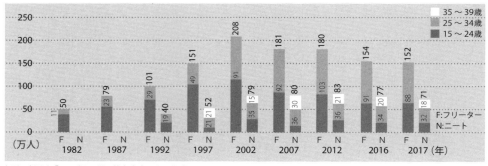

図表11-2　年齢別フリーター数・ニート数の推移

出所：内閣府「2018版 子供・若者白書」より作成
（注1）フリーターは厚生労働省の定義により15歳以上35歳未満、ニートは総務省（労働力調査）の定義により15歳以上40歳未満を調査対象にしている（ただし、1992年のニート数は35歳未満の数値）。
（注2）各グラフの上段の数値は、25歳以上のいわゆる年長層の数値を示している。

フリーターをしながら、適職に巡り会えたというケースはほとんどないというのが実情です。フリーターから正規雇用（正社員）への道は決して平坦でなく、新しい仕事に就けたとしてもそれが適職であるという可能性はさらに低くなります。では、どうすればよいのでしょう。

ジョン・クランボルツは「キャリアとは、偶然に訪れる予期せぬ出来事によって形成され開発されていくもの」と提唱しています。これは「偶然の産物」だから、努力しても意味がないということでは決してありません。クランボルツは、「予期せぬ偶然」が自分の目の前に訪れるのは、それまでの自分自身のさまざまな行動や経験が関係していて、その偶然を自分にとっての絶好のチャンスに変えていくには、周到な準備や学習・経験を積んでおく必要があると主張しています。

つまり、予期せぬ偶然を自ら作り出し、あたかもそれが必然であったかのように活用していくために主体的に目標を決め、その実現のための計画を立てて、積極的に学習・経験を積み重ねていくことが重要であると説いているのです。

いわゆる適職に巡り会う方法も、これと同様であると言えます。ただ待っていれば、そのうちに見つかるというものではありません。自ら努力をして情報や資料を収集し検討した上で、計画的に準備を行い、絶好のチャンスを手許に引き寄せていくことが大切です。たとえ、社会環境が厳しい状況であっても、その時点ごとに、自分にとって最善の選択肢を見分けながら前に進んでいくことが重要なのです。

ニートという問題も指摘されています。これは、「Not in Education, Employment or Training」の頭文字 NEET に由来する言葉ですが、このように自ら行動を起こさない状態では、チャンス（適職）に巡り会う可能性を自分で閉ざしてしまう結果にしかつながりません。

3　業種や職種って、どのくらいあるのだろう

それでは、自分の身の周りにはどのような仕事があるのか考えてみましょう。社会にはどのくらいの種類の仕事があるのでしょう。仕事の意味をどうとらえるかによっても異なりますが、働き方の種類で考えると、厳密には労働者一人ひとり働き方が違うわけですから、労働者の数だけ仕事の種類があると言っても過言ではありません。

しかし、それでは具体的なイメージを描けないので、もう少し整理しながら考えてみましょう。まず、働き方のうち、現代の産業社会で最も多いのが企業・団体などに勤める人たちです。日本では働いている人の約8割が会社などに雇用され働いています。残りの人たちは、自らお店を開いて仕事をする「自営業」であったり、農林・水

産業などであったりという働き方をしています。自営業のなかにも、商店主や飲食店、開業医、弁護士、公認会計士など、多くの種類があります。

　会社に勤めている人たちには、どのような働き方があるのでしょう。勤めている会社がどのような事業を行っているかによっても分けることができます。一般的に、会社はある商品やサービスを顧客に提供することで利益を得るという事業活動を継続的に行っています。その提供している商品の種類やサービスの種類、あるいは商品化されるまでのどの段階（生産、流通、販売など）を担っているのか、またはその取引相手（顧客）の種類によっても分類できます。

　このように、会社が行っている事業内容の種類によって分類したものを「業種」と呼びます。業種にはどのくらいの種類があるかは、その分類を利用する目的によって変わってきます。日本経済新聞に掲載されている東京証券取引所の株価欄では約30業種に分類されています。公的な各種統計を作成したり政策立案したりするために情報・データを管理している総務省統計局の「日本標準産業分類」によれば、大分類で20業種、これをさらに細分化していくと、中分類99業種、小分類529業種、細分類になると実に1455業種もあります。

　さらに、同じ会社のなかでも、本社や支店、工場、営業所など働く場所（これを「事業所」と呼びます）や担当している仕事によっても、生産や販売、原材料の仕入れ、資金の管理、顧客や営業に関する情報の管理、施設・設備の管理、従業員の人事管理など、多くの仕事に分類されます。こうした仕事による分類を「職種」と言います。職種も利用目的によって異なりますが、厚生労働省の「職業分類」では大分類で11職種、中分類73職種、小分類369職種、細分類892職種となっています。ただし、これは統計を策定するためにグループ分けした結果であり、現在の日本における職業の種類としては、約3万職種程度あると厚生労働省では説明しています。

　仕事の種類は、大きく分けると「ヒトを扱う仕事（人事・教育など）」、「モノ（製品・設備など）を扱う仕事」、「カネを扱う仕事（経理・財務など）」、「（マーケットや顧客などの）情報を扱う仕事」に区分できますが、これを限りなく細分化し、整理したものが職業分類です。3万種類にも及ぶ職種のなかから、自分に適した仕事を探していくのは、大変そうに思えるかもしれません。あるいは、それだけ多くの仕事があれば、きっと自分にあう職業があるはずと期待を持つ人もいるでしょう。しかし、いずれにしても3万職種すべてを理解して、そのなかから選ぶことはとても不可能ですから、まず自分にとって興味や関心の持てる業種や職種を調べてみることから始めてみましょう。

主な職種について

①専門・技術職

　得意な分野を集中して勉強し、専門職あるいは専門的な技術職に就くための学校を卒業した人や資格を取得していることが求められる。物事を論理的に考えられ、新しいものを創造する意欲にあふれた人が向いている。

- IT（情報技術）・通信・インターネット関連：システムエンジニア・プログラマ
- エレクトロニクス・機械・自動車・食品・医薬・化学：開発・設計・生産技術者
- 建設・土木・設備など：開発・設計・施工管理技術者

②生産工程・労務職

　製造業は、原材料に加工を施して製品を生産する。原材料から製品を生み出すまでの過程を製造（生産）工程という。この製造（生産）工程で「加工」を担当する仕事である。一般に細かな作業が多く集中力が要求される。同工程の担当者や設計技術者などとのコミュニケーション力も重視される。製造（生産）工程を経験した後、工程の管理監督者として製造の全行程を指揮する立場となる場合や、製造現場での経験を生かし、品質管理や生産管理・物流管理などの仕事をすることもある。

　ほとんどすべての製造業に必要とされる仕事で、エレクトロニクス・機械・自動車・食品・医薬・化学産業の工場で仕事をする。

③サービス職

　個人の日常生活や企業の経営活動に対して労務・便宜・専門的知識などを供する仕事である。対個人サービス業、対事業所サービス業のいずれにおいてもビジネスを円滑に進める対人折衝力が必要である。明るく、バイタリティーがあることと、今後はさらに顧客が抱えている生活や経営上の課題を解決できる高度な専門性が求められる。

　業種としては、ホテル・旅館泊設備貸与業、各種保守・修理業、映画などの興行業、医療・保健業、法務・教育・宗教関係業などがある。

④販売職

　企業は経営活動を通じて、より市場価値の高い商品やサービスを提供することを目指している。そこで商品やサービスを市場に認知させ、商品の購入が顧客にとって有益であることを納得してもらい、お互いに得をする商品あるいはサービス購入の契約にまとめていく仕事である。顧客に働きかけて購買意欲や購買行動を喚起させる高度なコミュニケーション能力が求められる。経済活動を行っているすべての企業で必要な仕事である。

　コンビニエンスストア・スーパーマーケット・百貨店・専門店など（流通・小売業）、商社各種メーカー（製造業）、銀行・信用金庫・証券・保険など（金融業）

眞保智子（高崎健康福祉大学）作成

4　興味・関心のある会社について調べてみよう

　では実際に、皆さんの周りにある会社について調べてみましょう。昨今、「就社から就職へ」という言葉を耳にすることがあります。これは専門職としてのキャリア向上を目指し転職しながらでも、自分の仕事における専門性を高めていこうという考え方ですが、わが国の場合は、弁護士や公認会計士など特定の専門的職業に就く場合を除いて、普通に就職先を選択するにあたってはやはり「会社」を選ぶことになります。働き始める際に、皆さんは必ず雇用契約を結ぶことになりますが、その契約相手は一般的には「会社」だからです。

　もちろん、その会社に自分のやりたい仕事（職種）があることは重要かつ欠かせない条件ですが、実際に就職をする前にそれを知ることは難しい面があります。だから、自分が興味や関心を持っている会社に関する情報を集めることから始めるのが近道です。調べる方法としては、インターネットで就職情報提供サイトやその会社のホームページにアクセスする方法、書店や図書館で『会社情報』（日経新聞社）や『会社四季報』（東洋経済新報社）、あるいはその会社の『有価証券報告書』を調べたり、業界専門誌や関連記事を検索する方法、または直接その会社に連絡をとって「会社案内パンフレット」を入手したりする方法などがあります。

　いろいろな情報ルートを組み合わせて、その会社についてできる限り多くの情報を集めてみます。大学の卒業生や知人に、会社の社員や関係者がいれば、さらに詳しい話が聞けるかもしれません。大学のキャリアセンター（就職部）の方に聞いてみるのも、良い調べ方の一つです。

　そして、会社の所在地や沿革、資本金、従業員数、平均年齢・平均勤続年数、業績の推移などを調べた結果、分かったことをリストに書き出してみましょう。リストにまとめることで、会社に関するイメージが以前よりは見えてくると思います。

　そのなかで、自分はどういうふうに仕事をしたいのか、どういう部門で活躍をしたいのか想像してください。それが、すなわち就職活動を行う際の「志望動機」になります。もちろん、実際に志望動機をまとめるにあたっては、なぜ自分がその仕事に向いていると思うのかを相手企業に伝えるために、第5章や第6章で学習した自己理解も不可欠です。

5　「適職」は自分で創りだすもの

　実際、自分でイメージした仕事に就いたとしても、はたしてやりがいや働きがいを

感じられるのだろうかという不安はなかなかぬぐえないかもしれません。多くの新入社員が3年も経たずに辞めている背景にも、入社前のイメージと実際に入社した後の現実とのギャップが挙げられています。

しかし、学生から社会人（職業人）になるということは、これまでとは違った新しい段階、未知のステージに上がるわけですから、不安やストレスがあって当然です。初めから自分のイメージ通りに適合することはほとんどありません。また、会社側としても新入社員にいきなり仕事を任せるということはできませんから、まずは会社における基本的な理念や行動様式を覚えてもらうことが必要と考えています。

つまり、入社してからの最初3年間くらいは、自分のほうから会社や仕事に合わせていく努力が求められているのです。仕事に限らず何事でも、初めの基礎トレーニング段階では誰でも失敗や苦労を乗り越えていくことが要求されます。その段階で「この仕事は自分に合っていない」と早合点していたら、いわゆる「適職」にはずっと巡り合えないリスクが高くなります。「石の上にも三年」というように、どういう仕事でも初めはその基本動作、考え方を理解し、習得することから始まります。

それができるようになってから、会社からようやく一人前の人材として仕事を任せてもらえるようになり、次第に自分流に仕事のやり方を創意工夫したり改善したりしながら、仕事を自分に合わせていくことが可能になります。そうして、自分らしい仕事のやり方を一生懸命に努力しつつ追求していくことこそ、適職に巡り会う唯一の方法と言えます。つまり、適職や天職というのは既にどこかにあるとか、誰かがあらかじめ用意してくれているものではなくて、あくまで自分で創り出していくものなのです。

適職を追求する努力が、自分の職業キャリアを形成していくために必要不可欠なのです。例えば文部科学省や厚生労働省、経済産業省などが、さまざまな検証の結果、キャリア形成に必要な能力の向上を提唱しています。経済産業省の「社会人基礎力」は前章でも述べたとおり、「前に踏み出す力（Action）」、「考え抜く力（Thinking）」、「チームで働く力（Teamwork）」で構成されていますし、文部科学省では「人間関係形成能力」、「情報活用能力」、「将来設計能力」、「意思決定能力」の4つの領域における発達を強調しています。また、厚生労働省では若者の就職基礎能力として「コミュニケーション能力」、「職業人意識」、「基礎学力」、「ビジネスマナー」、「資格取得」の5項目が重要であると指摘しています。

こうした能力を身に付けながら、自分に適した仕事のやり方を常に追求し続けていくことが、自らの目指すキャリアデザインを実現していくことにつながるのです。

第11章　キャリアデザインと職場理解(3)

企業調査ワークシート

学籍番号　　　　　　　氏名

興味や関心のある企業について調べてみよう

製造業	企業名：
所在地	
資本金	
従業員数	名　　うち女性従業員　　　　　名 平均年齢　　　　　　平均勤続年数
企業理念	
事業の特徴	
待遇	
人材育成 能力開発	
最近の話題 (業績・製品)	
自分の 志望動機を まとめてみよう	

第12章 キャリアのケーススタディー（1）

具体的な事例で考える将来設計

　第12章ではキャリアデザインのあり方について具体的なケースを参考に学びます。

　山口良（仮名）さんの事例は、キャリア形成の難しさと面白さを伝えてくれます。山口さんはシステム開発者として丁寧な仕事をしながら、キャリアカウンセリングの仕事に興味を持ち、働きながら大学院に通い、産業カウンセラーの資格を取得します。そして、ハローワークの仕事に転職し、NPOも立ち上げ、最終的には大学の教員としてキャリア教育に携わる道を歩みます。

　職場による働き方の違い、どの職場にも必要とされる社会人としての基礎、職場によって異なる能力と資質、その中で自分はどのように働いていくのかなど、仕事の理解を深めて、キャリア形成の課題について話し合ってみましょう。

第12章 キャリアの ケーススタディー（1）

テーマ：具体的な事例で考える将来設計

目的：山口良さんのキャリアケースを通して、自分のキャリア形成の参考にします。
1. キャリア形成における意思決定、行動のあり方を学びます。
2. 仕事や職場の実際を知り、キャリア形成の参考にします。

講義の目的・目標の把握

1. **導入**

    挨拶、今日の授業目標と概要を説明します。

2. **事例の研究（case study）：個人で事前学習**

    授業の前に自分でキャリアケースを読みます。

    「キャリアケース振り返りシート」に記入します。

    書いたシートをWeb上にアップして、皆が見ることができるようにします。

    あるいは、ゼミなどでは、人数分印刷して講義に持ってくるのもよいでしょう。

3. **事例の研究（case study）：集団で話し合う**

    個人シートを元に、5人一組になってグループディスカッションを行います。

    それぞれが記入した内容をメンバーに伝えます。

    全員の発表が終わったら、質問、意見を交換して、考えを広げ、深めます。

    時間があれば、グループの話し合いの結果を報告し、共有化します。

    自分と他者の考え方の違いを理解します。

4. **まとめ**

    教員がクランボルツの計画された偶然性理論に触れながらまとめの講義を行います。

> CASE…1
> 山口良さん(民間企業、ハローワーク、NPO、大学教員……)

1 すべては天職に出会うための道のり

(1)最初の職場で社会人としての基礎を磨く

　山口さんは、大学院で2年間人工知能(AI)について研究してから民間企業に就職しました。入社して半年間の研修後、最先端製品を作る工場に配属され、2年間システム開発の仕事を行いました。その後本社でシステム開発の全社管理の補佐をし、また海外出張で海外工場に出向き、現地システム部門との技術交流も経験しました。その後に改めてメイン工場に配属され、システム開発のプロジェクトマネージャーとして実務をしながら全体管理の仕事も行い、最後はシステム開発課長代理となりました(約7年間、28歳~36歳)。

　仕事内容としては、工場内の各部署からのシステム開発希望をヒヤリングし、提案書作成、予算申請、開発計画作成、外注先の選定、開発、テスト、運用などシステム開発にかかわる全工程を経験しました。最初は一人で行う小規模システムから始まり、その後徐々に規模が大きくなり、最後は国内全工場、全支店営業所、関連会社を統括する総合システムのプロジェクトのマネージメントをしました。このプロジェクト完了後課長代理(35歳)となり開発予算管理、若手の育成を行い、また海外工場のシステム開発のアドバイザーとしての仕事もしました。

山口良さんの基本プロフィール

1960年生まれ	
1985年	大学院工学研究科数理工学専攻博士前期課程修了(人工知能の研究)
1985~2007年	会社勤務(システム開発に携わりキャリアのコアを築いた期間)
	グループ会社に出向(1997年~2001年)
	マレーシア工場に転籍(2001年~2005年)
2007~2008年	コンサルティング会社勤務(産業カウンセラーの資格取得)
2008~2009年	工具製造株式会社勤務
2009~2016年	公共の職業相談機関(ハローワーク)に勤務(大学院に入学)
2013年	関東地方の国立大学法人大学院修了(キャリア教育研究)
2013~2016年	同国立大学協力研究員
2013~2016年	若者のキャリア形成を支援するNPO法人を設立
2016~2018年	東北地方の国立大学法人勤務(特任准教授)
2018年~	都内にある私立大学勤務(特任教授)　現在に至る

この期間は、社会人としての常識を身に着け、会社機能と仕事の進め方を会得する期間でした。また「システム開発」という仕事を通じて、「仕事や会社」を語れるようになりました。そして、社内外の多くの人々と一緒に仕事をすることにより、協働するときのポイントやマネージメントスキルを得、そして今でも交流がある素晴らしい先輩に出会え、総じてキャリアの１つのコアを築いた期間と言えます。

　しかし時とともに、情報の流れや活用から会社を理解しシステム開発をしているうちに、システム開発技術よりは会社全体機能に興味を持ち、経営の一端を担いたいとの思いが強くなりました。そして36歳の時、「転籍して会社を別の角度で見たい。自分のキャリアにもう１つの柱を持ちたい」と希望を出し、グループ子会社（190名）に出向して工場管理と会社経営を経験することになります（37歳）。

(2) グループ会社に出向、その後、マレーシア工場に転籍

　ここでは４年間、工場管理全般と会社経営の補佐的業務を行いました。そして中小企業として従業員とその家族を守ること、新規事業を立ち上げ顧客との関係を改善し従業員の誇りを回復することの二点に腐心しました。そして新規技術を確立して外販するまでに至りました。その他、人事業務（採用、研修、解雇、ベースアップ交渉内容など）も経験し、希望通り会社経営全般を経験し満足のいく期間でした。

　３年目になって、出向元に戻りたいとの意向を示しましたが、「マレーシア工場の工場長が苦労しているのでサポートして欲しい」といわれ、2001年より４年間、マレーシア工場に転籍しました。マレーシア工場では、地理・気候・歴史・民族・文化の違いから多くのことを感じました。マレーシアは多民族国家で、イスラム教徒であるマレー系が約60％、華僑として中国本土から渡ってきた中国人が約30％、イギリス植民地時代から住み始めたインド系の住民が約10％、その他ビジネスで滞在している日米欧人や初代植民地支配者となったポルトガル人の子孫などで構成されています。そして、独自の言語、宗教、生活習慣、民族衣装、食生活などの文化、教育、伝統を守りながら暮らしています。そしてそれぞれの民族は、融合することなく「ステンドグラスのようなモザイク模様」のように、互いを尊重しながら共生しています。

　このころ、日本ではまだ終身雇用制度もあり、学生も就職というより就社という感じでしたが、マレーシアでは全く違いました。年度末に上司と一年間の実績を話し合い、次年度のランク（昇格や降格）、別の部署への転籍、そして年俸や役職への昇進などを、対等に話します。より良い条件があればそこに移ることは悪いことではないし、その準備として自分の価値を上げるためには自分の責務をしっかり果たすと共に、語学（例えば日本語）や専門性を高めるためのセミナーには自費で行きます。そのよ

うな人材を引き留めるためには、雇用条件（年俸や役職）などを上げる提案をします。

マレーシアに住む人は、自分の家族や友人知人を非常に大切にします。その反面会社の人のとのお付き合いは最低限度までとしています。しかし、彼らは、上司の指示は絶対です。日本では「会社のため」との見地から、上司にも意見を言うことがありました。現地の人は、上司の評価が自分の年俸等に関係するので、決して命令に反対することはありません。ただし、面従腹背のケースは多々ありました。

(3) 長年働いた会社を辞め、もがき苦しんだ時代

マレーシアでは上司と馬が合わず、満足いく仕事ができませんでした。最後は上司の命で失意の帰国をしました。しかし、初めて海外での生活を経験し、自分や日本を別の角度から見ることができました。また、仕事抜きで付き合える一生の友達ができました。帰国後は、日本、アメリカ、イギリス、マレーシアの各工場と営業所の製造と販売の調整部門の部長として仕事をしました。

しかし、悩みに悩んだ結果、転職を決めました。もう少しで46歳となる3月でした。どうしても、コンサルタントとなり、自分の経歴（ITスキル、プロジェクトマネージメント、会社経営）を活かしたいとの思いで、大手人材サービス会社の仲介で、大手のコンサルティング会社にシニアマネージャーとして転職しました。しかし転職して数か月、悩みが大きくなり、契約しているカウンセラーに相談をしました。今までの鬱積していたものを吐き出すように、一時間半も話をしました。結局、転職した会社は1年で退職しました。

しかし、このとき後に人生の大きな転機となる経験をします。実はカウンセラーの方と話をしたときに、「他人と過去は変えられない。変えられるのは自分と未来だけ」というアドバイスを受けます。それ自身は大変有益でしたが、山口さんは別のことを思ったのです。それは「自分もこんな仕事をしてみたい」ということでした。後に振り返ると、自身のキャリアにとってこれが大きな転機の1つとなります。実は、マレーシア勤務時代には多くの現地スタッフが山口さんの部屋に相談に来たり、本社人事部の方には「山口君はカウンセラーが合っている」と言われていたのです。そこで思い切って産業カウンセラーの勉強を始めました。高額費用を協会に収め、講習会での実技習得とテキストによる知識の吸収でした。「これが仕事に結びつくかは分からないが、ともかくやってみよう」との思いでした。

二度目の転職は、地元にある物流センターでした。大企業での経験しかなかった山口さんには、中小企業を知る良い機会でした。半年の見習い期間が終わり正式に所長になりました。しかし「やはり、お金だけで我慢する人生は無理。自分の合った職業

に就きたい」と再度思うようになりました。そして、このころは、産業カウンセラーの資格も取得でき、三度目の転職を考えていました。

当時、ITバブルが弾け、大量の失業者が生み出された状況で、ハローワークでは、再就職のための職業訓練の推進者を募集していました。その応募条件に「産業カウンセラー」が記載されていました。見事山口さんは採用され、一般企業から公務へ転職となりました。

(4) ハローワークで働きながら大学院に通う

ハローワークでは、元来人の相談を受けることが多かった特徴を生かし、毎日誠心誠意で相談を受けました。そしてやりがいを感じました。しかし、時おり相談者との距離を感じ始めました。「この人の人生を変えてしまうかもしれない」との恐れから自分の思うことが言えなくなってきたのです。そしていろいろな出会いがあり、偶然にも関東地方の国立大学法人大学院で学ぶことになりました。50歳でした。これが人生における2つ目の転機です。

大学院での授業は、週三日夕方ハローワークでの仕事が終わったのちに講義に出席しました。講義では、キャリア形成をキーワードに幅広く学びました。そして自分の人生を客観的に評価・分析できるようになりました。まるで「雲の上から自分の今までの人生を観る」ようでした。何よりも今まで「見えなかったことが見えるようになる」ことが一番嬉しかったのです。

図表12-1は、山口さんがこれまで一番長く勤めた民間企業と職業安定所との違いについてまとめてみたものです。職場にはそれぞれに特色があるので参考にしてもらいたいと思います。

図表12-1　職場の働き方の違い

	民間企業	職業安定所（ハローワーク）
業界・業種	システム開発業務 半導体材料部門、グループ会社やマレーシア工場にも勤務	公務労働、職業相談業務
職種	システム開発マネージャー	職員（相談業務）
業務の基本原則	利益が原動力、タイムイズマネー、競争の中から良い製品やサービスを提供し対価を頂く	「仕事がない人＝収入に困っている人＝生活に困る人」を支援する
職場で求められること	お客様に競合他社より良い品質の製品やサービスを提供し、その対価をお金として頂き、利益を得る	決められた業務を正確にこなすこと
課題	グローバル競争に勝つため、常により高い目標に対しコミットし、チャレンジしていくことが求められる	民間のように利益という数字は指標とならない。基本的に相談を受ける人のほうが強くなりがちで、そこに甘んじだすと、仕事が雑になり感性も鈍る
2つの職場で大事にした心構え	・謙虚に教えを請い、いち早く業務を覚え技術を習得することを心掛けること ・与えられた仕事は、自分にとってはあまり関係ないもの、興味のないものにも積極的に取り組むこと ・与えられた仕事に対しては「本来はどうあるべきなのか？どのようなやり方がベストなのか？」を絶えず考えること	

2　最後に自分の天職（大学教育）に巡り合う

（1）NPOを立ち上げた後、キャリア教育と出会う

　大学（大学院）修了半年前から、山口さんは他の人とどこが違うのかを再度考え始めました。そして「民間での仕事経験」「公的機関の学生・若者の職業相談の経験」「大学院でのキャリアの研究」を兼ね備えているのが自分の特徴と認識しました。そのころは就職氷河期でもあったので、「自分の特徴を活かせば、他にできない形で学生・若者の就職支援ができる」と考え、NPOを立ち上げました（52歳）。

　しかしハローワークの仕事をしながらのNPOの事業運営は、時間的にも精神的にも厳しいものでした。元手が無いままの事業スタートでしたので、金融機関からの借り入れがあり、資金繰りに神経を使いました。そんなとき、大学時代からの親友より、「夏休み期間の大学生に対するPBL（Problem Based Learning）を行うイベントで、ファシリテーターが足りなくて困っている」との誘いを受けました。1チーム5名構成の4チームの学生に対する、合計10日間のファシリテーターの仕事を引き受けました。ハローワークの仕事をしながら時間的に厳しい状況下でしたが、挑戦した甲斐はありました。毎回の準備と講義が楽しくて仕方なかったのです。この仕事が終わったのちに、「自分の今までの紆余曲折したキャリアを基に大学で講義がしたい」と思うようになりました。

　そして55歳の冬、大学の「キャリア教育」担当の職に応募しました。運よく岩手

大学で任期2年の准教授で採用されました。生まれて初めて「自分で努力を積み重ね、本当に希望する仕事で採用された」と感激しました。山口さんは、紆余曲折した職歴も別の形で評価して下さったことを嬉しく思いました。最後に天職に巡り合えたのです。

(2)「誠実であること」を大切にして挑戦し続ける

　山口さんが初めて社会人となった時には、周りに多くの良きお手本がありました。私生活においては、28歳のときに結婚し、子供も二人生まれました。人生のうえで紆余曲折はありましたが、45歳くらいまで仕事を通じて基礎的なキャリアを築きました。その後転職や、いくつかの失敗を経ながら試行錯誤します。

　この間、「人の相談を受ける仕事がしたい」と仕事の当てはないものの費用を払って講座を受講して資格を取ります。この際に心の支えとなったのは奥様の存在でした。その後その資格を活かしてハローワークに転職。若者の相談を受けながら経験を積みました（56歳まで）。この間自分を振り返ることとキャリア支援についての疑問を持ち、偶然の出会いから大学院で学び直しをしました（52歳まで）。また、友人の誘いで行ったNPOのPBLの授業の経験から、大学教員が天職と認識しました。

　そして偶然にも東北地方の国立大学法人の求人に応募して採用となり、初めての教育経験をしました（56歳～57歳）。その後に縁があり、現在は都内にある私立大学で、キャリア教育の担当をしています（58歳～）。このように山口さんのキャリアは紆余曲折です。自ら退路を断ってしまう無謀なこともありました。しかし先が見通せなくても、条件が許すならば行動してみることで、偶然に新しい世界が開けたようです。

　新しい展開を切り開くためには「誠実であること」が大切だと感じています。挫折や絶望感も味わいましたが、「捨てる神あれば拾う神あり。沈む瀬あれば浮かぶ瀬あり」と開き直り、何か新しいことに出会える希望を持ち続けました。真摯に取り組み続けた結果、山口さんは最後に適職に出会うことができました。

クランボルツの計画された偶然性理論を学ぼう

1　キャリアは偶然の出会いや出来事の連続

　挑戦を続けている山口さんのキャリアを、あなたはどのように受けとめましたか。ここでもう1つ、とても重要なキャリア理論を紹介します。それはスタンフォード大学のジョン・クランボルツ教授等の「計画された偶発性理論」（Planned Happenstance Theory）です。クランボルツが調査したところ、高校生が18歳の時

になりたいと考えていた職業に就いた人の割合は2％だったそうです。中学や高校で将来の職業についていろいろ考えているのにもかかわらず、たったの2％なのです。

確かに、キャリア形成は、1章でも述べたように計画してPDCAを回すことは大事ですが、現実は計画通りにはいきません。山口さんのケースからも分かるように、むしろ、予定になかった偶然の人との出会いや偶然の出来事を受け止め、計画を変更しながら、キャリアはつくられます。ちょっとしたきっかけで、自分の人生を大きく変える人に出会うかもしれません。あるいは、思いがけない出来事に遭遇するかもしれません。そうした偶然の出会いや出来事を受け止め、まるで計画していたかのように自分で活用する力が必要なのです。特にビジネスは走りながら勝負できるものを集めることが大切です。

2 幸運を引き寄せる6つの力

クランボルツが提唱した理論を基に、北九州大学の見舘好隆教授は、6つの「幸運な予期せぬ出来事を引き寄せる力」をまとめました（図表12-2）。偶然の出会いや出来事を生かすには、好奇心を持って粘り強く、楽観的で柔軟な心構えで、時にはリスクを取って、仕事に向かうことが大切なのです。そして人とのつながりを大切にしながら生きていくこと、それが良きキャリアを築いていくのです。

図表12-2　幸運な予期せぬ出来事を引き寄せる力

幸運な予期せぬ出来事を引き寄せる力	説明と具体的なアクション
①好奇心	そもそも、好奇心がなければ、新しい仕事は生まれない。だからこそ、たとえばどんな授業・活動・仕事でも面白がる。初対面の人との出会いを避けない。昨日と違う機会を作る。
②持続性	チャンスはそれを迎える準備ができている人にだけやってくる。だからこそ、今チャンスが来ても大丈夫なように努力する。
③楽観性	先入観、固定観念を持っていてはチャンスが生かせないし、新しいアイディアも生まれない。だからこそ、例えば計画や予定と違うことや他人の違う考えを楽しむこと。関係ないと思っても必ず調べてみること。
④柔軟性	できないと思っていては何もできない。だからこそ「何とかなる」と思うようにする。例えば、考える前に行動してから考える。失敗してもくよくよしない。迷ったら前に進む。
⑤リスクを取る	初めてのことにはリスクはつきものであり、そもそも宝くじは買わないと当たらない。だからこそ、ある程度の失敗は覚悟する。将来失敗するより、学生時代に失敗しておいたほうがよいと考える。悩んだら難しいほうを選ぶ。
⑥人とのつながりを大切にする	チャンスは人がくれるもの。周囲の仲良しだけでは君の可能性は広がらないし、夢も叶わない。だからこそ、例えば新しい人との出会いを作る。出会った人と信頼関係を作ることを意識する。

出典：全国実務教育協会編（2013）『実践キャリア考』実教出版、p45

第12章 キャリアのケーススタディー(1)

振り返りシート

学籍番号　　　　　　　氏名

山口良さんの事例を読み、気がついたことをまとめ、メモしてみましょう。このシートを基にグループディスカッションを行います。

1. 公的機関と民間企業との働き方の違いについて、どのように考えましたか。

2. 日本とマレーシアでは働き方が違うことをどのように思いましたか。

3. 山口さんが天職を得る道のりをあなたはどのように考えましたか。

4. クランボルツの計画された偶然性理論で学んだことは何ですか。

第13章 キャリアのケーススタディー（2）

さまざまなキャリア形成のあり方

　第12章に続いて実際のケースを調べて学んでいきます。渡辺いずみさんは大手の旅行代理店に就職し、その後、中規模の専門旅行代理店に再就職しています。中学生のときに出合った「中国」というテーマを軸にしてキャリア形成の道を歩んでいます。子育てをしながら頑張っていますが、いずみさんは自分のテーマを持つことの重要性を教えてくれます。
　また、著者が関わった社会人のキャリアケースを紹介します。職場による働き方の違い、どの職場にも必要とされる社会人としての基礎、職場によって異なる能力と資質、自分の適職など、仕事の理解を深めて、キャリア形成の課題について話し合ってみましょう。

第13章 キャリアの
　　　　ケーススタディー(2)

テーマ：さまざまなキャリア形成のあり方

目的：多様なキャリアケースを通して、自分のキャリア形成の参考にします。
1. キャリア形成における心構え、仕事の仕方を学びます。
2. キャリア取材を実施し、自分のキャリア形成の参考とします。

講義の目的・目標の把握

1. **導入**

    挨拶、今日の授業目標と概要を説明します。

2. **事例の研究（case study）：個人で事前学習**

    授業の前に自分で渡辺さんのキャリアケースを読みます。

    「振り返りシート」に記入します。

    書いたシートを Web 上にアップして、皆が見ることができるようにします。

    ゼミなどでは、人数分印刷して講義に持ってくるのもよいでしょう。

    渡辺さん以外のケースも目を通します。自分が気になった人を一人選びます。

    自分と他者の考え方の違いを理解します。

3. **事例の研究（case study）：集団で話し合う**

    個人シートを元に、5人一組になってグループディスカッションを行います。

    それぞれが記入した内容をメンバーに伝えます。

    全員の発表が終わったら、質問、意見を交換して、考えを広げ、深めます。

    時間があれば、グループの話し合いの結果を報告し、共有化します。

    渡辺さん以外のケースについても、話し合います。

4. **まとめ**

    多様な働き方があること、社会人になっても学び続けることを考えます。

CASE…2
渡辺いずみさん（大手旅行会社、専門旅行会社）

1　好きな道に進む

　渡辺いずみさんのキャリアの特徴は、中国への興味を基に、持続的に足場を築いていることです。好きなことを仕事にできる人は多くはありません。渡辺さんは計画的に、着実に一歩ずつその目標に向かって歩んできました。好きな道に進んでキャリア形成を行っている渡辺さんのケースを学んでみましょう。

渡辺いずみさんの基本プロフィール

1979年生まれ
2003年　高崎経済大学地域政策学部卒業
2003〜2006年　大手旅行代理店勤務
2006年　半年間、アジアを旅行。ラオスやカンボジアなどでボランティア活動
2006年〜現在　帰国後、中国専門の旅行会社勤務。営業課に所属する
2009年　結婚
2012年　第1子誕生
2016年　第2子誕生

2　仕事とキャリア形成

（1）中学生から中国に憧れを持つ

　渡辺さんは中学生のときに、中国・桂林のポスターの写真を見て、「こんな綺麗な景色の国に行ってみたい」と強く思ったそうです。大学は中国関連の学部ではありませんが、3年次に地元の留学生派遣制度に募集して、1年間中国に留学しました。初めのうちは言葉が通じず、生活習慣の違いに戸惑ったそうです。それでも前向きに頑張っていると、中国人の友達や知り合いができ、充実した1年間を過ごしました。

　卒業後は大手旅行代理店に就職しました。旅行が大好きな渡辺さんにとって、念願が叶った就職先でした。業務はほとんどオフィスの中で行われます。お客様に旅行プランを提案したり、契約した旅行の必要書類（旅程表、切符、宿泊券など）を用意したり、という毎日でした。旅行業に携わっているものの、中国からは遠のいていったのです。

　3年半勤務して、旅行代理店の基礎業務が理解できたと考え、悩んだ末に思い切っ

て会社を辞めました。そして約半年間、アジア各地を旅行しました。目的は観光でもあり、放浪の旅でもあり、ボランティアでもありました。カンボジアでは、中高生に日本語を教えるボランティアを経験しました。ここでは、貧しい子どもたちが必死になって日本語を勉強していました。彼らは授業の前も後も、アルバイトに出かけました。アルバイトをしないと生活が成り立たないのです。

　子どもたちの必死に生きる姿に触れ、渡辺さんは帰国を決意しました。帰国後は、中国を専門に旅行業を営んでいる現在の会社に勤めました。この会社は大手の旅行代理店のパック旅行ではなく、お客様それぞれの要望に合った旅行を提供しています。そのため、求められる知識も業務も幅広くなりました。やりがいがある分、負担も大きいそうです。

　2009年に結婚し、二人の子どもも生まれました。仕事と家庭の両立は本当に大変ですが、大きな生き甲斐にもなっています。幼い子を預け働くことに後ろめたさを感じたこともありましたが、集団生活でもまれながら逞しく成長する娘たちのおかげで、働くことへ自信を持てるようになりました。長女が「働くこと」や「旅行のお仕事」に興味を持ち始めていることも、仕事をがんばろうと思える原動力の1つだそうです。

(2) 1日の仕事の流れ

　渡辺さんの1日を追ってみましょう。午前中はデスクワークです。電話やメールで、予約の手配対応、現地（中国）との連絡、確認などをします。時には、ビザ申請のため大使館へ出向くことや、得意先へ急に外出することもあります。午後は、外回りの営業です。パスポートや航空券、請求書などを持って、担当先を訪問します。お客様と直接対応することは、どのようなニーズがあるのか、マーケティングの参考にもなります。

　夕方には会社に戻って、顧客との打ち合わせ、日程表の作成などの業務を行います。この間にも午前中同様、電話、メールでの予約対応もあります。18時ごろには終業ですが、繁忙期には21時ごろになることもあります。

　海外の添乗員としての仕事はどうでしょうか。渡辺さんも中国に添乗員として随行することもあります。これは想像する以上に大変な業務のようです。添乗中はお客様の安全に気を配りながら、行程を進めていきます。宿泊ホテルでは、お客様が各部屋で休んでから現地のガイドと翌日の打ち合わせを行い、自分の部屋に戻るのは深夜になることも多いそうです。もちろん、次の日はお客様より早く起きて、その日の行程の準備をします。

(3) 職業人としての資質や能力、心がけていること

　渡辺さんは、仕事は基本的には楽しいものではないと言います。デスクワークは単調で、お客様から苦情を言われることもあります。「タダで海外旅行ができてうらやましい」と思われがちな添乗の仕事は、激務以外の何ものでもありません。それでも、今の仕事は好きで、成長している自分を実感しています。

　心がけていることは、「明るく元気でいること」「健康でいること」「フットワークの良さ」だそうです。これは簡単なようで、実は難しいことです。でもやろうと努力すれば誰でも取り組めるし、自分や職場が明るく元気になると言います。

　旅行代理店で勤めるための資質や能力はどのようなものでしょうか。旅行への関心、旅行に関する専門的な知識と実務、海外への関心、語学力に加え、フットワークの軽さ、前向きに新しいことを学ぶ姿勢だそうです。

3　いろいろなキャリア形成から学ぶ

　12章と13章で、山口さんと渡辺さんのキャリア形成を学びました。いかがでしたか。これからさらに3人のキャリアケースを紹介します。藤島さんは、航空会社務めから大学教員のキャリアを歩んでいます。「現在の仕事の魅力は何ですか」と質問すると「私を頼ってきてくれた学生たちが「内定しました！」と喜びの報告をしてくれる時に、とても達成感を感じます」と答えてくれました。

　渡部さんは、楽天の広報部で仕事を続けていますが、彼女が勤務して何年かたってから、楽天の社内公用語が「英語」となりました。それは青天の霹靂だったのではないでしょうか。彼女は広報部勤務です。それからの彼女の努力はすごい。会話だけではなく印刷物も映像もすべてが英語になったからです。

　深谷さんは水戸市役所に勤めています。現在は行政改革課でバリバリ仕事をしていますが、それとは別に、水戸の街の次世代育成をめざす「あしたの学校」で、様々な活動を理事として行っています。「飛び出せ公務員」の模範のような活動をしています。

　これからの時代は、学び続ける力が必要です。仕事環境が変化する中で、常に問題意識を持ち、好奇心を駆り立て、意欲的に学び続けることが必要なのです。いろいろなキャリアケースからそのことを学んでほしいのです。

CASE…3
「何事にも誠実であれ」藤島 喜代仁さん（航空会社、大学教員）

	1959年生まれ　山梨県韮崎市出身
	中央大学法学部卒業後、1983年日本航空株式会社入社。空港旅客部門、客室サービス部門、地方支店等の勤務を経験し、キャビンアテンダント訓練センター長を務める
2014年	日本航空株式会社を退社
2014年	育英短期大学教授〜現在（2018年から「教職・キャリアセンター長」兼務）
2017年	高崎経済大学地域政策研究科博士前期課程修了

現在の仕事の概要と現在の仕事を志したきっかけは？

　短期大学で教鞭をとっています。ホスピタリティ、観光関連の授業を受け持っています。キャリアデザインに関する講義も担当し、あわせて進路支援をしています。31年間勤続した企業での経験を、自分自身の次のキャリアに活かせないかと考え始めたことがきっかけです。社会の現場で身につけた知識や考え方を若い世代に伝えることで、学生の役に立ちたいとの思いから大学教員の門戸をたたきました。

それまでの仕事と現在の仕事を比較してください

　前職と現職には共通点があります。それは、どちらも現場で人を相手にするということ。大卒後就職した企業は航空会社でした。サービス業なので現場主体の業界です。空港においても、機内においても、常に利用者であるお客様を第一に考えることを徹底的にたたき込まれました。特にお客さまは「十人十色」。一人として同じケースはありません。いつも目の前の相手の気持ちになって考えることが求められました。この経験は今の仕事にも通じています。

　現在の仕事の相手は学生たち。同じ学年、同じ授業、同じゼミであっても、一人ひとりの個性は異なります。それぞれ持つ夢や悩みも違います。したがって個々の人間として尊重し、その学生に合った指導をしていく必要があると感じています。

仕事をする上で大切にしていることは？

「何事にも誠実であれ」

　私が社会人になる時に面接で伝えたモットーです。今でも変わっていません。仕事をする上でも、人間関係を構築するうえでも、大切なことだと思っています。自分の能力を謙虚に受け止めながら、向上心をもってコツコツと努力することで必ず仕事は達成できます。仲間に対しては常に誠意をもって接することで、周囲からの信頼は揺るぎのないものになります。どんな場面でも誠実に向き合うことが、良い仕事ができる条件だと考えています。

若者へのメッセージ

　何か1つあなたなりの「モットー」を持つことをおすすめします。あなた自身の生き方や仕事に向き合う姿勢、人と接する場面において、「自分はこうしていく」という方針を決めるのです。簡単なことでかまいません。「誰にでも感謝の気持ちをもつ」、「昨日の自分より1％向上する」など、シンプルなことを1つ決めて毎日の生活の中で意識するのです。そして仕事で頑張りたいときや、逆に苦境に立ちそうな時に、自分のモットーに立ち返ってみてください。それによって、あなたのこころはリセットされ、落ち着いた気持ちで次の一歩を踏み出すことができるはずです。

CASE…4
「わくわくを伝えていける仕事がおもしろい」渡部 成美さん（楽天株式会社）

1983年生まれ	福島県猪苗代町出身
2006年	高崎経済大学地域政策学部地域政策学科卒業
2006年	楽天株式会社に新卒入社。法人向けサービス「楽天ビジネス」における新規顧客獲得営業・ECコンサルタントを担当。
2009年	トラベル事業部
2010年	広報渉外室（現コーポレートコミュニケーション部）へ異動。現在、広報部社内広報課マネージャー

現在の仕事の概要と現在の仕事を志したきっかけは？

　広報部の社内広報課で、全世界の従業員に向けたインターナル動画ニュースRNN（Rakuten News Network）の制作を担当しています。楽天グループの従業員が一体感を感じることができるような社内広報の企画・運営を行っています。

　就職活動をする中で一番大切にしたのは「わくわく」できるかどうか、でした。楽天はグループ内に70以上のサービスがあります。Eコマースだけでなく、旅行や、金融、スポーツなど、1つの会社でこれだけ幅広い経験ができる場所はなかなかないのでは、と考え入社を決意しました。

現在の仕事の魅力と大変なことは？

　サービスの知られざる裏側や、仲間の頑張りをストーリーにして発信できるのは、社内メディアの醍醐味であり、他の業務にはない魅力です。動画や記事を見たスタッフから、「記事を見たよ」とか「おもしろかった」といった評価をもらえると、すごくやりがいを感じます。また、わたしたちのコンテンツをきっかけに、つながりが生まれたり、新たなサービスが立ち上がったりすることもあります。人と人とのハブになっている存在であることがうれしいです。

　一方で、たくさんあるサービスをしっかりと理解し、そのトピックスを通して何を伝えたいのか、どういったストーリーをつくるべきかを考える必要があるため、豊富な知識やアイデアが求められ、勉強が必要な日々です。毎日新たなトピックスが飛び出すので、スピード感があって大変ですが、おもしろいです。

仕事をする上で大切にしていることは？

　なにごとも相手の目線に立って考えることです。ついつい自分中心になりがちですが、例えば打ち合わせをするとき、例えば企画を作るとき、どんな瞬間においても「これは相手にとって魅力的な情報だろうか？」「相手の立場ならどう受け止める？」と考えながら動くようにしています。

若者へのメッセージ

　世界を見て欲しいですね。留学でもいい、旅行でもいい、大学にいる外国籍の友達を作るでもいい、どんな形でも良いですが、たくさんの国籍・言語に触れて、自分の価値観を広げて欲しいと思っています。私自身、会社の社内公用語が英語になって、外国籍の社員さんと働くようになるまでは、すごく狭い価値観の中で生きてきたなと感じています。価値観が広がると、視野も広がっていくので、ぜひ世界をその目で見てほしいと思っています。

CASE…5
「植えられたところで咲く」深谷 晃一さん（水戸市役所）

1982年生まれ　茨城県笠間市出身
2005年　高崎経済大学卒業後，静岡県の民間会社に2年勤務
2007年　水戸市役所入庁。国保年金課（2年），行政改革課（9年目）
現在、水戸市総務部行政改革課係長

現在の仕事の概要と現在の仕事を志したきっかけは？

　現在は、水戸市役所の総務部行政改革課で、水戸市役所を改革する仕事を担当しています。行政改革とは、①行政の効率化、②市民サービスの向上、のために市役所の仕事を見直すことです。具体的には、組織や職員数の見直し、市役所の仕事の民間委託化、行政評価、事務改善等を通して、水戸市役所がもっと市民の役に立つ所になるように、また、職員にとっても働きやすい職場になるように改革を進めています。

　学生時代に、地域を元気にするお手伝いを経験したことがきっかけで、公務員になろうと思いました。今は、公私ともにまちに関わることができ、毎日が充実しています。

現在の仕事の魅力と大変なことは？

　はじめの配属は、保健福祉部国保年金課国民年金係で、年金相談の担当となりました。当時は年金問題が話題となっており、風当たりが強かったけれども、丁寧な窓口対応に取り組んだ結果、多くの市民から「初めて年金がわかりました」と感謝されるようになりました。逆風であっても、誠意を持って窓口対応に当たれば、想いが伝わることを実感しました。

　現在の行政改革課の仕事は、管理部門であり、対象が職員で、市役所全体を仕事の範囲としており、常に新しいことを学び続ける大変さがあります。基本的に担当課にお願いして改革に取り組むため、交渉事が多くなります。担当課と連携して、プロジェクトが達成されるたびに、自分の成長を実感できます。

仕事をする上で大切にしていることは？

　公務員は，定期的に人事異動があるため，1つの仕事をずっとやり続けることができません。また，自分の希望する部署に異動できるとは限らないため，やりたくない仕事や興味がない仕事を担当することもあります。私は，どんな仕事でも，学ぶ点や面白さがあると考えています。この世につまらない仕事はありません。

若者へのメッセージ

「植えられたところで咲きなさい」

　花の種は、植えられる場所を自分で選ぶことができません。私たち公務員も花の種と一緒で、人事によってどこかに植えられます。そこで、自分らしく花を咲かせるのか、それとも根っこごと腐ってしまうのかは自分次第です。でも、自分らしく咲いている人は、周りが放っておきません。私の周りをみると、自分らしく咲いている人は、引っこ抜かれて、能力を発揮できる部署に異動している人が多いです。だから、どんな仕事でも「こんな仕事」と思わずに、植えられた場所で自分らしく美しい花を咲かせていってほしいです。

キャリア取材シート

　皆さんにキャリア取材をお勧めします。このキャリア取材シートを使って取材しましょう。自分一人で行ってもいいですし、2〜3人のチームを編成するのもいいでしょう。まずは身近な両親や兄弟姉妹から始めるのがいいでしょう。自分の身の周りにいる人が、本当はどのような仕事をしているのか、意外と知らない人が多いですね。取材をしてシートを作り、その後、パワーポイントで作成し、発表会を行うこともできます。

学籍番号　　　　　　氏名

問	内容	備考
会社の概要は？		
どのようなキャリアを歩んできましたか？		
現在の仕事の内容は？ （1日の仕事を中心に）		
仕事の魅力と大変なことは？		
仕事をする上で大切にしていることは？		

第13章　キャリアのケーススタディー（2）

第13章　キャリアのケーススタディー(2)

振り返りシート

学籍番号　　　　　　　　氏名

渡辺いずみさんの事例を読み、気がついたことをまとめ、メモしてみましょう。このシートを基にグループディスカッションを行います。

1.「好きな道に進む」「中学生から中国に憧れを持つ」について考えたことは？

2.「1日の仕事の流れ」について気づいたことは？

3.「職業人としての資質や能力、心がけていること」について学んだことは？

4. その他、気がついたことは？

第14章 キャリアデザインに向けて(1)

キャリアデザインの方向性をつかむ

　本章では、特に大学生が自らのキャリアをデザインする上で、大学1年生から、どのように過ごせばいいのかについて述べます。

　まず、現在の日本における大学生の就職活動および企業の採用活動の方向性を押さえながら、今、どのような能力を持つ大学生が求められているのかについて理解します。次に、その上でそれらの力を身に付けるために、大学生活にてどのように過ごすべきかについて解説します。

　最も伝えたいことは、スティーブ・ジョブズの言葉「Stay hungry, stay foolish.」です。

　自らのキャリアは、既存のものから選んだり、他者から与えられたりする時代は終わり、自らの力で創造し、持続する時代に変化しました。創造力は、幅広い視野・柔軟性をもとに、失敗を恐れず外界に飛び出し、他者と出会い、その経験を振り返ることで得られた「学び」と、目の前の課題と繋げることでデザインされます。そのため、大学時代においては、旺盛な好奇心や学習意欲をもとに、何かをとことんやり抜く経験こそが重要であることを理解してください。

第14章 キャリアデザインに向けて(1)

テーマ：キャリアデザインの方向性をつかむ

目的：新しい「社会で働くために必要な力」を理解し、大学生活の過ごし方を考えましょう。
1. 近年変化した「大学生の就職活動」と「企業の採用活動」を把握しましょう。
2. 新しい「社会で働くために必要な力」を理解しましょう。
3. その力を身に付けるために、大学生活をどう過ごすか考えましょう。

講義の目的・目標の把握

1. **導入**
   挨拶、今日の授業目標と概要を説明します。
2. **近年の「働くこと」に関する変化**
   インダストリー4.0による、大学生の就職活動と企業の採用活動の変化を学びましょう。
3. **新しい「社会で働くために必要な力」**
   単なるコミュニケーション能力だけでは物足らないことを理解しましょう。
4. **新しい「社会で働くために必要な力」を獲得するキャリアデザイン**
   5つの力を獲得する、大学生活の過ごし方
5. **まとめ**
   Stay hungry, stay foolish.（貪欲で、愚かであり続けよ）

1　インダストリー4.0は、働き方を変える

　インダストリー4.0とは、ドイツ政府が推進する製造業のデジタル化・コンピューター化を目指すコンセプト、国家戦略的プロジェクトです。和訳すると「第四次産業革命」。第一次が19世紀の蒸気機関の発明により作業が機械化されたこと、第二次が20世紀初期の工場の電力化による大量生産、第三次が20世紀中盤から後半のコンピューターによる機械の自動化、そして第四次が21世紀のそのつど指示を与えなくても機械が自分で考えて動くことを指しています。経済産業省は、日本版インダストリー4.0とも言える「Connected Industries」を提言し、注力5分野（「自動走行・モビリティサービス」「ものづくり・ロボティクス」「バイオ・素材」「プラント・インフラ保安」「スマートライフ」）を決定しています。

　インダストリー4.0は、働き方も大きく変化させます。具体的には、①実社会のあらゆる事業・情報が、データ化・ネットワークを通じて自由にやりとりが可能、②集まった大量のデータを分析し、新たな価値を生む形で利用可能、③人工知能によって機械が自ら学習し、人間を超える高度な判断が可能、④多様かつ複雑な作業についても自動化が可能になり、産業構造や就業構造が劇的に変わるというのです。例えば、駅の改札は自動改札に、銀行の預貯金の出し入れはATMに切り替わりました。そしてガソリンスタンドやホテルの受付、スーパーや大型小売店のレジ、レストランの注文などが続々とセルフ化し、近い将来、公共交通機関や配達などの運転手も自動化されていく可能性があります。つまり、前述した技術革新によって、今まで人手に頼っていた職業が消滅し、働き方も変わっていきます。そして当然、社会が大学生に求める力も変わることになります。

2　近年変化した「大学生の就職活動」と「企業の採用活動」

　第9章でも少しふれたように、経団連や政府が大学生の就職活動・採用活動のスケジュールを、3年生の3月1日を説明会解禁日、4年生の6月1日を面接解禁日と定めました。しかし、図表14-1を見ると説明会解禁日時点で内定率9.8％、面接解禁日時点で内定率68.1％となっており、ルールが名ばかりになっていることが分かります。つまり、約7割の企業がルールを破ってインターンシップや座談会、リクルーター、社員紹介などを活用した「リファラル採用」を水面下で行っていることは明白で、逆にルールを守っているのは一部の大企業と、早期に採用活動をしても学生を集められない中小企業に過ぎないのです。

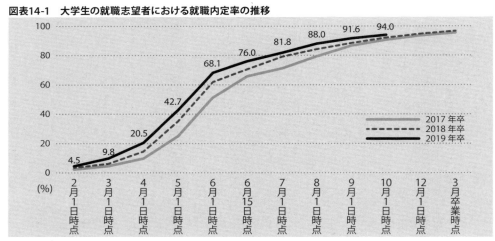

出典：リクルートキャリア（2018）「【確報版】「2018年10月1日時点 内定状況」就職プロセス調査（2019年卒）」

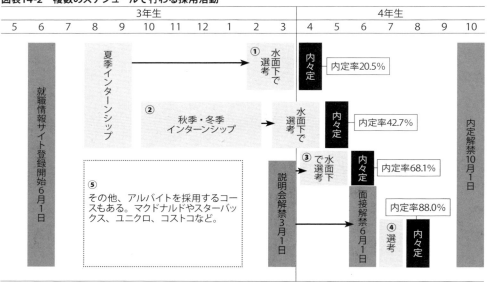

　以上の結果を踏まえると、図表14-2のように複数のスケジュールで採用活動が行われていることが推察されます。つまり、①夏季インターンシップ参加者を選考、②秋季・冬季インターンシップ参加者を選考、③説明会参加者を早期に選考、④ルール通りに6月から選考、⑤アルバイト経験者を選考、という5つのコースがある可能性が高いのです。付け加えると、解禁日前の選考（①②）は、ルールを破ってまでも採りたい、入社後イノベーションを起こす優れた人材の獲得が目的と考えられます。逆に、従来の仕事に就く普通の人材の獲得は、説明会解禁以降（③④）にほぼルール通りに行われている可能性が高いと言えます（図表14-3）。

　いずれにしても、政府が定めた採用活動のルールを鵜呑みにして、3年生の3月1

図表14-3　優秀な人材と普通の人材の採用イメージ

	人気ベンチャー	大企業	中小企業
イノベーションを起こす優秀な人材	学年や時期を問わず、インターンシップや各種イベント、アルバイト等リファラルで採用する		採用は困難
従来の仕事ができる普通の人材	採用しない	従来の採用ツールで採用する	

日の説明会から就職活動をスタートすれば、いくつかの選考のチャンスを失ってしまうことになります。例えば3年生の夏のインターンシップが最初の選考になる可能性があるならば、それ以前に入社してもいいと思える企業を見出しておくべきですが、何も準備していなければ、本当に入社したい企業のインターンシップを選ぶことができません。それは学生にとって決していい状態ではないのです。

早期に就職活動に挑むためにも、できるだけ低年次から自らのキャリアの見通しを立てることが必要になります。例えば、将来の進路候補をいくつか想定してなければ、チャンスに出会っても気付かないでしょう。また、自己分析ができていなければ、自らの長所を面接官に売り込むことができません。さらにそのチャンスを掴むために必要なスキルを身に付けておかなければ、面接で勝ち残ることができないでしょう。

もちろん大学生の本分は学業です。しかし、学業に影響を与えない範囲で、1年生から将来のキャリアについて探索し、機会があれば挑戦し、社会で必要とされる力を高め、自ら将来のキャリアを導き出すことも、決しておろそかにはできないのです。

3　近年変化した「社会で働くために必要な力」

図表14-4 は、2018年に経団連企業会員に対して行ったアンケート結果です。選考にあたって特に重視した要素のトップは「コミュニケーション能力（82.4％）」で約8割の企業が重視していることが分かります。次いで「主体性（64.3％）」、「チャレンジ精神（48.9％）」、「協調性（47.0％）」、「誠実性（43.4％）」と続きます。つまり企業は、AIやロボットが持ち合わせていない能力を求めていることが分かります。

しかし、これらの能力だけではインダストリー4.0 に対応はできません。図表14-5 を見てください。RPA（Robotic Process Automation）とは、ロボット（AI も含む）による業務自動化の取り組みを表す言葉です。人間の知能をコンピューター上で再現しようとする AI や、AI が反復によって学ぶ「機械学習」といった技術を用いて、主にバックオフィスにおけるホワイトカラー業務の代行を担うことで、コスト削減を狙おうとする動きのことです。ただし、RPA 導入には当然コストがかかるため、大企業に限られる可能性があります。すると、図表14-5のような現象が起きます。具体的には、「RPA に代替できない仕事ができる学生」は、大企業で高賃金をもらって

図表14-4 「選考時に重視する要素」の上位5項目の推移

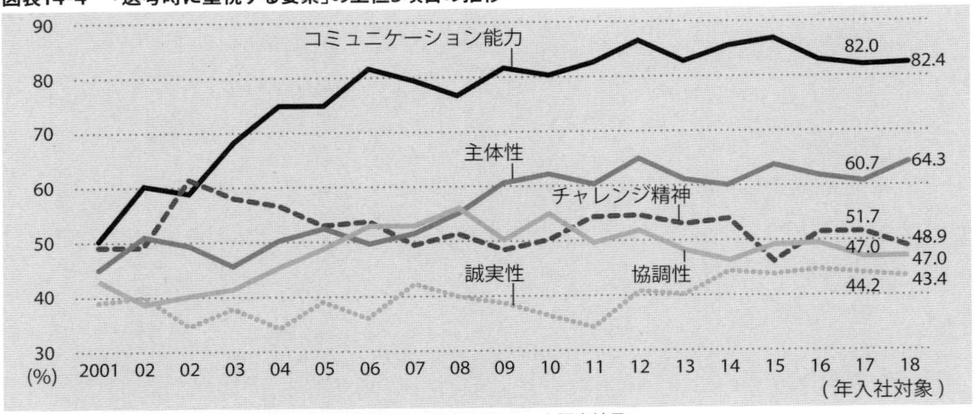

出典：日本経済団体連合会（2018）「2018年度新卒採用に関するアンケート調査結果」

RPAに代替できない仕事をし、「RPAに代替できる仕事しかできない学生」は、中小企業でRPAでもできる仕事をし、ずっと低賃金のままになるということです。だからこそ、これからの大学生は「RPAに代替できない仕事」ができる能力を身に付けなくてはならないのです。

では、「RPAに代替できない仕事」とは何でしょうか。それは「創造力を活かす仕事」です。インダストリー

図表14-5 RPAに代替できる仕事しかできない人材かどうかで変わる採用

	RPAに代替できる仕事	RPAに代替できない仕事
大企業	RPAがするので雇用しない	雇用する（ただしそのスキルを持つ学生のみ）
中小企業	あいかわらず新卒を低賃金で雇用。給与は上がらない	雇用する（ただしRPAできないので賃金は安くそのスキルを持つ学生が採れるかは怪しい）

4.0によってRPAが普及することで定型業務が減るからこそ、その時間を使って新しい仕事を創造することが求められることは明らかだからです。そして、創造力の土台となるのが後述する5つの力なのです。

4　新しい「社会で働くために必要な力」を身に付けるために

新しい「社会で働くために必要な力」とは、創造力です。では、創造力を大学時代にどう身に付ければいいのでしょうか。

アメリカ最大の広告代理店トムプソン社の常任最高顧問だったジェームス・W・ヤング氏は、著書「アイデアの作り方」の中で「アイデアとは既存の要素の新しい組み合わせ以外の何ものでもない」と述べています。つまり、創造力とは解決すべき課題にぶち当たった時、その課題と過去の学びとの関連性を見出す力であるとと指摘しています。

具体的には、課題を一人で取り組むことはほぼないので「多様な人々と協働する力」

は欠かせません。また、「幅広い視野・柔軟性」がなければ、課題を解決してくれるかもしれない新しい知識を得ることはできないし、「失敗を恐れず挑戦する力」がなければ、課題を解決する上で必要な能力を高めることもできません。そして「経験を振り返る力」がなければ、経験からの学びを記憶することはできません。さらに答えのない課題を解決する経験に取り組み、その課題と過去の学びとの関連性を見出す経験を積んで、「答えのない課題を解決する力」を高めなくてはならないのです。

　大学時代は人生で最も時間を自由に使える時代です。自らが自らを成長させる機会を創り出し、試行錯誤を繰り返して、これら5つの力を身に付ける時間はたくさんあるのです。以上を念頭に、創造力を発揮する土台作りをぜひ行ってみてください。

(1)多様な人々と協働する力

　単なるコミュニケーション能力だけでは足りません。高齢者から子どもまで、さらに外国人や障害を持つ人まで、これからの社会は多様な人々と初対面で打ち解け、協働する力が社会では求められています。この力を大学の授業だけでは身に付けることは困難です。だからこそ、地域活動などのボランティアに参加し、さまざまな社会人と対話する機会を自ら作り、慣れ親しむ経験をしたほうがよいでしょう。また、サークルやアルバイトもできるだけ多様な人々と協働し、応対するものを選ぶとよいでしょう。大学のゼミも多様な人々と協働できるものを選ぶことが重要です。

(2)幅広い視野・柔軟性

　例えば介護福祉士は1987年、気象予報士は1993年、プロサッカー選手も1993年、YOUTUBERは2000年頃、スマホアプリの開発は2008年に新しく生まれた職業です。これからロボットやAIによっていくつかの職業が消え、代わりに新しい職業が生まれることは間違いないことです。ですから、既存の職業や大企業・有名企業への就職だけを視野に将来を考えることは、自らの可能性に蓋をする行為に等しいといえます。常に新しい場所に赴き、新しい人と出会うことが必要です。幸い、インターネットで国内・海外を問わず、さまざまなコミュニティやイベントの情報を得ることは容易になり、LCCの普及で安価で海外にも行けるようになりました。大学時代こそ、新しい機会を作り、幅広い視野・柔軟性を育むことが大切です。

(3)失敗を恐れず挑戦する力

　「失敗の反対は、何もしないこと」という先人の言葉があります。失敗はできればしたくないものですが、何かに挑戦すれば何割かは失敗するでしょう。しかし、挑戦

しなければ自らを成長させることはできないのも事実です。どうせ失敗するなら、仕方ないねと許される大学時代こそ、すべきではないでしょうか。また、たとえ失敗したとしても、失敗した理由を腑に落とせば、それはかけがえのない貴重な経験となります。プロサッカー選手の本田圭佑氏は、金沢大学の講演の中で、「どんな失敗をも後付け・理由付けがすることが、唯一後悔しない、そして人生をより豊かにする方法だ」と述べています。だからこそ、授業はもちろん、サークルやアルバイト、ボランティア、インターンシップなど、今の自分ではちょっと難しいものを選び、挑戦することが重要です。

(4)経験を振り返る力

前述したジェームス・W・ヤング氏が指摘するように、新しいアイデアはアイデアとは既存の要素の新しい組み合わせに過ぎません。つまり、何か新しい課題と向き合った時、その解決方法が生まれるか否かは、過去の経験を言語化して記憶しているかどうかに依存するのです。すなわち、どんなにすばらしい経験をしたとしても、振り返り（専門用語で「リフレクション」）を丁寧に行い、腑に落とさなければなりません。インターンシップやPBL（Project-Based-Learning）といった経験学習で、必ず振り返りの機会が用意されているのはそのためです。しかし、教育以外の経験、それはサークルやアルバイト、ボランティアなどにおいても、誰に指摘されるまでもなく、リフレクションを行うことは重要です。日記をつける、Facebookやブログなどにまとめるなど、いろいろな方法で、あらゆる場面でリフレクションを心がけてください。

(5)答えのない課題を解決する力

この力は、(1)～(4)の力すべてが必要です。なぜならば、「多様な人々と協働する力」がなければ、チームで課題を解くことはできないし、新しい出会いも生まれません。また「幅広い視野・柔軟性」がなければ、新しい知識を得ることができないし、「失敗を恐れず挑戦する力」がなければ、不足している能力を高めることもできません。そして「経験を振り返る力」がなければ、経験からの学びを腑に落とし、その課題と過去の学びとの関連性を見出すこともできません。

このように「答えのない課題を解決する力」はすべての力を総動員することによって発揮されます。だからこそ、授業やサークル、アルバイト、ボランティア、インターンシップにおいても、自ら「答えのない課題」に挑戦するようにして、それぞれの力を活用する経験を積むことが大事なのです。なぜならば、社会に出て行う仕事のほとんどが、答えのない課題を解くことなのだから。

5　Stay hungry, stay foolish.（貪欲で、愚かであり続けよ）

　この言葉は、アップルの創業者、スティーブ・ジョブズがスタンフォード大学の卒業式でスピーチした時の、最後の言葉です。実際、ジョブズはこの言葉を実践し、パソコンや iPod、iPhone、iTunes などを生み出し、新しい時代を切り開きました。

　今まで述べてきた力を身に付けるための経験はどんな経験でも構いません。大切なことは、旺盛な好奇心や学習意欲をもとに、何かをとことんやり抜くことが重要です。広く浅くではなく、目の前の課題を全力で取り組まなくては、その経験は次に活かされません。

　自らのキャリアは、既存のものから選んだり、他者から与えられたりする時代は終わり、自らの力で創造し、持続する時代に変化しました。創造力は、幅広い視野・柔軟性をもとに、失敗を恐れず外界に飛び出し、他者と出会い、その経験を振り返ることで得られた「学び」と、目の前の課題と繋げることでデザインされます。大学時代においては、旺盛な好奇心や学習意欲をもとに、何かをとことんやり抜く経験、すなわち「Stay hungry, stay foolish.」が重要であることを理解してください。

第14章　キャリアデザインに向けて (1)

振り返りシート

学籍番号　　　　　　　　氏名

1. 新しい「社会で働くために必要な力」は「創造力」です。その理由を述べてください。

2. 社会に出て「創造力」を発揮するためには、大学時代に5つの力をあらかじめ身に付けておくことが必要です。では、今の自分に最も欠けている力は何ですか？□に☑してください。
そして、その力を具体的にどうやって身に付けるか、詳しく書いてください。

□多様な人々と協働する力　　　□幅広い視野・柔軟性　　　□失敗を恐れず挑戦する力
□経験を振り返る力　　　　　　□答えの無い課題を解決する

具体的にどうやって身に付けますか？

第15章 キャリアデザインに向けて(2)

キャリアデザイン全体の振り返り

　これまで学習したように、日本ではグローバリゼーションの進展に伴う社会の変化に対して、旧来の制度や慣行が機能しない事態が起こっています。そのためキャリアデザインが重要視されるようになってきました。
　私たちはこのような変化に対応して、自分のキャリアを自分でデザインする必要があることを学んできました。最終章では、これまで学習したことを振り返る作業を行いましょう。

第15章 キャリアデザインに向けて(2)

テーマ：キャリアデザイン全体の振り返り

目的：学んだことを振り返り、自分のものとします。
1. 働く環境の変化とキャリアデザインの必要性を確認します。
2. キャリアデザイン全体を振り返ります。

講義の目的・目標の把握

1. **導入**
   挨拶、今日の授業目標と概要を説明します。
2. **教員による講義全体の振り返り**
   この講義全体を振り返って、この講義のポイントを再確認します。
3. **個人作業**
   講義全体を学生に振り返らせるために、最も適当なシートを選びます。あるいは、必要に応じて作成します。
   振り返りシートに記入します。
4. **グループワーク**
   必要に応じてグループワークを行い共有化します。
5. **まとめ**

1　豊かなキャリア形成に向けて

　これまで、キャリアデザインについて、さまざまな角度から学んできました。最後に、学んだ課程を振り返り、今後の豊かなキャリア形成に役立てましょう。

　時代は大きく変化しています。私たちは一人で生きていくことはできませんので、家庭、学校、職場、地域、社会、あらゆるところで他の人と関わりを持って生活をしています。しかし、この関わりすなわちコミュニケーションのスタイルは、従来と大きく変わりました。これまでは基本的に一人対一人でお互いに顔と顔を合わせて、あるいは声と声で意図したことを相手に伝達していました。しかし、SNSと呼ばれるソーシャルネットワーキングサービスは、インターネット上で直接的にではなく、また多くの人と同時にコミュニケーションをとることを可能にしました。これによって、これまでの「クローズな知」は「オープンな集合的な知」になりました。そこに新たなビジネスチャンスが生まれ、ビジネスのスタイル、働き方、ものの見方や考え方などが大きく変わりました。したがってこのような状況にあって、キャリア形成力あるいはキャリアデザイン力の基礎は、「コンピュータ操作能力」「情報発信力」「情報検索力」「情報加工能力」にあり、「正しく読み書き話し聴く力」によって「他者と共感できる力」「他者と繋がる力」が必要になっています。

　テクノロジーが進化するスピードは私たちが想像する以上のものがあり、これまで私たちが慣れ親しんできた生活環境、ビジネス環境が大きく変化します。私たちのものの見方や考え方（パラダイム）が大きく転換するのです。したがって、どのような環境になろうともそこで生きていくために、新たな組織概念に適応しながら生きていく術、能力やスキル、思考、すなわちキャリア形成力が必要なのです。だからこそ、私たちはキャリアデザイン力をつけていかなければならないのです。

　以下の振り返りシートを使いながら、この講義で学んだことを自分のものとしましょう。まずは個人作業で振り返り、その後、グループで意見交換をしましょう。

パラダイムの転換とキャリアデザイン

物	→ 情報
一方向	→ 双方向、多方向
クローズな知	→ オープン、集合知

キャリア形成力	情報発信力
コンピュータ操作能力	正しく読み書き話す力
情報検索能力	正しく聴く力
情報加工能力	共感できる力

第15章　キャリアデザインに向けて(2)

キャリアデザイン振り返り　その1

学籍番号　　　　　　　氏名

あなたがこのキャリアデザインの講義で、最も印象に残ったテーマや内容を3つ選び、理由とともに書いてください。

(1)

〈理由〉

(2)

〈理由〉

(3)

〈理由〉

第15章 キャリアデザインに向けて(2)

キャリアデザイン振り返り　その2

学籍番号　　　　　氏名

1. あなたはこの講義にどのくらい真剣になって取り組めましたか。
   講義への参加度を自己採点してください。その採点の基準も示してください。

2. 次年度に取り上げてもらいたい講義内容、講義に対する感想や意見などがありましたら、自由に書いてください。

第15章　キャリアデザインに向けて(2)

キャリアデザイン振り返り　その3

学籍番号　　　　　　氏名

1. 現代社会ではなぜ、キャリアデザインが必要なのか、書いてください。

2. キャリアとは何ですか、キャリアデザインの定義を再度確認してください。

3. キャリアデザインの経済的側面・社会的側面についての講義で、あなたが学んだことは何ですか。

4. キャリアデザインの人間的側面（発達課題）について、あなた自身が考えたことは何ですか。

5. 正社員、フリーターなどの就業形態に応じた働き方の違いについて、講義で学んだことを踏まえ、あなた自身の今後の職業展望（キャリア形成）について書いてください。

6. あなたの強み、弱み、特技、こだわりについて書いてください。
その上で、あなたはどのような仕事を選びたいと考えていますか。

第15章　キャリアデザインに向けて(2)

振り返りシート　講義の振り返り　その1

学籍番号　　　　　　　　氏名

1. この講義で最も印象に残ったことは何ですか。
   理由もできるだけ詳しく書いてください。

2. この講義の大切なテーマは何だと思いましたか。2つ挙げてください。
   そう思った理由もできるだけ具体的に書いてください。

3. その他、講義を受けて気がついたことはありましたか。
   どんなことでも良いですから自由に、できるだけたくさん記入してください。

第15章　キャリアデザインに向けて(2)

振り返りシート　講義の振り返り　その2

学籍番号　　　　　　　　氏名

1. 講義全体の感想は？

2. あなたの強みは？

3. あなたの弱みは？

4. あなたのキャリアに関する目標は？

第15章　キャリアデザインに向けて(2)

振り返りシート　グループワークの振り返り

学籍番号　　　　　　　　氏名

1. あなたは、グループワークで自分の意見を的確に話すことができましたか。

2. あなたは、他のメンバーの意見を共感的に聴くことができましたか。

3. あなたは、リーダーシップをとっていた方ですか。

4. グループの課題達成の出来具合はどうでしたか。その理由は何ですか。

5. グループ内での発言内容や発言回数に片寄りはありましたか。
   そのことはグループワークにどのような影響を与えましたか。

6. 今後の活動に生かせるヒントがありましたらメモしてください。

第15章　キャリアデザインに向けて(2)

振り返りシート　全体の振り返り

学籍番号　　　　　　　氏名

最後に、もう一度これまでの過去を振り返り、これからのキャリアデザインの見通しを立ててみましょう。過去は主な出来事を記録し、これからの未来は、目標を描いてみましょう。

	設計要素					
	教育関係 学習・資格 研修	スポーツ 文化活動	家族関係 人間関係	重要な 出来事・感動 したこと	仕事関係	社会活動 地域活動
誕生から 幼稚園						
小学校時代						
中学校時代						
高等学校 時代						
大学時代						
これからの 目標						

おわりに

　皆さん、いかがでしたか。本書『キャリアデザイン講座』を上手に活用することができましたか。学習を通じて自己決定力を身につけていく準備ができましたか。これまでの過去を振り返り、現在を見据え、プラス思考で将来設計ができましたか。

　現実は確かに厳しいものがあります。社会の変化も激しく、少子高齢化、人口減少、グローバル化、高度情報化、AIやIoTなどの技術革新の流れは留まることを知りません。「働き方改革」も進行中です。人手不足の中で、外国人の皆さんの労働市場への参加もまったなしです。終身雇用のような安定的な労働環境はなくなり、キャリア形成の問題はいよいよ重要課題となっています。

　しかし、どんな変化があるにせよ、私たちは「今、ここで」できることを、1つずつ乗り越えていくことが肝心なのです（Now and Here！）。楽しくて、しかも実りの多いことなどは簡単に手に入りません。真摯に取り組み、困難や挫折を乗り越えるからこそ、学ぶことも大きいのです。「ピンチはチャンス」、厳しい環境は成長するための大きなチャンスとポジティブ思考を持ちたいですね。

　本書のはじまりは、私が会長を務めた日本ビジネス実務学会の「キャリアデザイン教育指導法セミナー」の教材として開発されたものでした。それを基礎にして新たなメンバーが集まり、全面的に加筆修正して作成されました。初版、第2版ともに、大宮智江先生が全体のコンセプトと基礎情報を提供し、荒川一彦先生、中島敬方先生、寺村絵里子先生、大窪久代先生、そして全体の監修を私が担当して作り上げてきました。残念ですが、大窪久代先生が亡くなられました。心からご冥福をお祈りします。そのため、第3版では大窪先生担当の9章と14章を、新たに北九州大学の見舘好隆先生にお願いしました。

　学びはずっと続きます。生涯にわたって人間は成長していくのです。この『キャリアデザイン講座第3版』が自らをしっかり見つめ、生涯にわたって、自己成長を遂げていくための座右の書となることを願っています。

　また、私のもう1つの専門でもあり、学会長を務めた地域政策や地域活性化の場面でも、人材育成が重要な課題となっています。元気な地域には必ず魅力的な人がいます。「地域づくりは人づくり」なのです。そうした意味でも、本書が人材育成の1つの指針となることを期待しています。

　最後になりましたが、執筆者や関係者の皆さんに改めて感謝を申し上げて、「おわりに」のご挨拶といたします。

高崎経済大学名誉教授　大宮　登

執筆者一覧

大宮 登	高崎経済大学 名誉教授	（第1章、第12章、第13章、第15章）
大宮 智江	川口短期大学 元教授	（第2章、第3章、第5章、第6章）
荒川 一彦	関東学院大学 教授	（第4章、第8章）
寺村 絵里子	明海大学 准教授	（第7章）
見舘 好隆	北九州市立大学 教授	（第9章、第14章）
中島 敬方	近畿大学 教授	（第10章、第11章）

●本書についてのお問い合わせ方法、訂正情報、重要なお知らせについては、下記Webページを開き、書名もしくはISBNで検索してください。ISBNで検索する際は-（ハイフン）を抜いて入力してください。なお、本書の範囲を超えるご質問にはお答えできませんので、あらかじめご了承ください。

https://bookplus.nikkei.com/catalog/

理論と実践で自己決定力を伸ばす
キャリアデザイン講座　第3版

2009年2月23日　初版発行
2019年2月19日　第3版第1刷発行
2022年9月8日　第3版第6刷発行

監修者	大宮 登
発行者	村上 広樹
発行	日経BP
	東京都港区虎ノ門4-3-12　〒105-8308
発売	日経BPマーケティング
	東京都港区虎ノ門4-3-12　〒105-8308
装丁	斉藤 重之
DTP制作	株式会社マザーフッドライフスタイル
印刷・製本	図書印刷株式会社

本書に記載している会社名および製品名は、各社の商標または登録商標です。なお、本文中に™、®マークは明記しておりません。
本書の例題または画面で使用している会社名、氏名、他のデータは、一部を除いてすべて架空のものです。
本書の無断複写・複製（コピー等）は著作権法上の例外を除き、禁じられています。購入者以外の第三者による電子データ化および電子書籍化は、私的使用を含め一切認められておりません。

©2019 Noboru Omiya, Tomoe Omiya,
Kazuhiko Arakawa, Eriko Teramura, Yoshitaka Mitate, Takamasa Nakashima

ISBN978-4-8222-9592-9　　Printed in Japan